História natural da religião

FUNDAÇÃO EDITORA DA UNESP

Presidente do Conselho Curador
Mário Sérgio Vasconcelos

Diretor-Presidente
Jézio Hernani Bomfim Gutierre

Superintendente Administrativo e Financeiro
William de Souza Agostinho

Conselho Editorial Acadêmico
Danilo Rothberg
Luis Fernando Ayerbe
Marcelo Takeshi Yamashita
Maria Cristina Pereira Lima
Milton Terumitsu Sogabe
Newton La Scala Júnior
Pedro Angelo Pagni
Renata Junqueira de Souza
Sandra Aparecida Ferreira
Valéria dos Santos Guimarães

Editores-Adjuntos
Anderson Nobara
Leandro Rodrigues

DAVID HUME

História natural da religião

Tradução, Apresentação e Notas
Jaimir Conte

Título original em inglês: *The Natural History of Religion* (1757)

© 2004 da tradução brasileira:
Fundação Editora da UNESP (FEU)
Praça da Sé, 108
01001-900 – São Paulo – SP
Tel.: (0xx11) 3242-7171
Fax: (0xx11) 3242-7172
www.editoraunesp.com.br
www.livrariaunesp.com.br
atendimento.editora@unesp.br

CIP – Brasil. Catalogação na fonte
Sindicato Nacional dos Editores de Livros, RJ

H91h

Hume, David, 1711-1776
História natural da religião / David Hume; tradução, apresentação e notas de Jaimir Conte. – São Paulo: Editora UNESP, 2005.

Inclui bibliografia
ISBN 85-7139-604-3

1. Religião – Filosofia. 2. Teologia natural – Obras anteriores a 1800. I. Conte, Jaimir. II. Título.

05-1908
CDD 210
CDU 21

Editora afiliada:

Asociación de Editoriales Universitarias
de América Latina y el Caribe

Associação Brasileira de
Editoras Universitárias

Índice

Apresentação . *7*

Cronologia . *11*

Nota ao texto desta tradução . *17*

Introdução . *21*

1. Que o politeísmo foi a
   primeira religião dos homens . *23*

2. Origem do politeísmo . *29*

3. Continuação do mesmo tema . *35*

4. Que o politeísmo não considera os
   deuses criadores ou autores do mundo . *43*

5. Diversas formas de politeísmo:
   a alegoria, a veneração dos heróis . *53*

David Hume

6. A origem do monoteísmo
   com base no politeísmo . *59*

7. Confirmação da doutrina de que
   o monoteísmo deriva do politeísmo . *67*

8. Fluxo e refluxo do
   politeísmo e do monoteísmo . *71*

9. Comparação entre o politeísmo e o
   monoteísmo quanto à perseguição e à tolerância . *75*

10. Comparação entre o politeísmo e o
    monoteísmo quanto à coragem e à humilhação . *81*

11. Comparação entre o politeísmo e o
    monoteísmo quanto à razão ou ao absurdo . *85*

12. Comparação entre o politeísmo e o
    monoteísmo quanto à dúvida ou à convicção . *89*

13. Concepções ímpias da natureza divina
    nas religiões populares monoteísta e politeísta . *107*

14. A má influência das religiões
    populares sobre a moralidade . *115*

15. Corolário geral . *123*

Notas desta edição . *127*

Notas biográficas . *139*

Seleção bibliográfica . *149*

Índice onomástico . *155*

Apresentação

Autor de grandes obras filosóficas como *Tratado da natureza humana* (1739-40), *Investigação sobre o entendimento humano* (1748) e *Investigação sobre os princípios da moral* (1751), David Hume (1711-1776) é também autor de vários escritos sobre religião, nos quais se opõe, em praticamente todos os pontos, à ideologia religiosa predominante em seu tempo. O mais penetrante, filosófico e substancial de seus trabalhos sobre o tema são os *Diálogos sobre a religião natural*, escritos entre 1751 e 1755, cuja publicação só aconteceu depois de sua morte, em 1779.

O adiamento da publicação em vida dessa obra, que questiona os fundamentos racionais da religião, deveu-se à recomendação de alguns amigos que leram o manuscrito e que temiam que as críticas nele contidas aumentassem ainda mais as acusações de infidelidade lançadas contra Hume, que já havia provocado a ira dos religiosos ao solapar a crença nos milagres e numa providência divina nos ensaios "Dos milagres" e "De uma providência particular e de um Estado futuro",

David Hume

publicados em 1749 como parte da obra *Investigação sobre o entendimento humano*.

A *História natural da religião* foi publicada em janeiro de 1757 num volume intitulado *Four Dissertations (Quatro dissertações)*. Antes disso, em 1756, havia sido impressa num volume intitulado *Five Dissertations (Cinco dissertações)*, contendo os ensaios "Das paixões", "Da tragédia", "Do suicídio" e "Da imortalidade da alma". Contudo, diante de algumas reações e da perspectiva de condenação eclesiástica, Hume decidiu retirar da publicação os dois últimos ensaios. Como os exemplares das *Cinco dissertações* já haviam sido impressos, o editor Andrew Millar teve de cortar, literalmente, as páginas que continham os ensaios sobre o suicídio e sobre a imortalidade e, em substituição, inserir no volume um novo ensaio, "Do padrão do gosto". Hume também aproveitou a oportunidade para alterar alguns dos parágrafos mais ofensivos da *História natural da religião*. Os ensaios foram então encadernados com o novo título de *Quatro dissertações*, e o livro foi publicado em 1757.

Na dissertação sobre a *História natural da religião*, Hume trata das origens e das causas que produzem o fenômeno da religião, dos seus efeitos sobre a vida e a conduta humanas, e das variações cíclicas entre o politeísmo e o monoteísmo. Uma de suas preocupações é também chamar a atenção para os efeitos das diferentes espécies de religião sobre a tolerância e a moralidade. Em suma, nesta obra, Hume desenvolve uma investigação sobre os princípios "naturais" que originam a crença religiosa, bem como um estudo antropológico e histórico relativo aos efeitos sociais da religião. Aqui, Hume é um dos primeiros autores a examinar a crença religiosa puramente

8

História natural da religião

como uma manifestação da natureza humana, sem pressupor a crença na existência de Deus. Esta obra apresenta uma história *natural* da religião em oposição a uma história guiada por pressupostos religiosos. Ao questionar a religião de forma mais radical do que seus predecessores, Hume trata todas as crenças religiosas como mero produto da natureza humana.

Ele inicia a obra mencionando duas explicações distintas sobre a origem da religião. Por uma, a tese que afirma que as pessoas são levadas à crença religiosa pela contemplação racional do universo. Por outra, a tese de que a religião tem por base fatores psicológicos completamente independentes de um fundamento racional.

Hume defende a segunda explicação e argumenta que todas as religiões populares se iniciam não de uma tentativa de entendimento racional do universo, mas de paixões humanas mais primitivas e básicas, de instintos naturais como o medo e a esperança. O conceito psicológico central pressuposto por ele é o de que a experiência religiosa é governada pelas paixões. A religião se origina do medo de influências desconhecidas sobre a sociedade humana e prospera em situações terríveis de medo e ignorância do futuro.

> As convulsões da natureza, as catástrofes, os prodígios e os milagres, embora em grande medida refutem a ideia de um plano elaborado por um sábio diretor, imprimem no homem os mais fortes sentimentos religiosos, pois as causas dos acontecimentos aparecem então mais distanciadas do que nunca de todo conhecimento e de toda explicação.

Jaimir Conte

Cronologia

1711 David Hume (originalmente Home), filho de Katherine Falconer e de Joseph Home, nasce em Edimburgo, na Escócia, em 26 de abril, correspondendo a 7 de maio no calendário gregoriano adotado na Grã-Bretanha em 1752.

1712 Nasce Jean-Jacques Rousseau.

1713 Nasce Denis Diderot. Publicação dos *Três diálogos entre Hilas e Filonous*, de Berkeley.

1714 Morre o pai de Hume, Joseph Home.
Nasce Condillac.
Leibniz publica *A monadologia.*

1716 Morte de Leibniz.

1719 Daniel Defoe publica *Robinson Crusoé.*
Ingressa no Colégio de Edimburgo, onde estuda lógica, retórica, matemática e sobretudo a "filosofia natural", o que o faz entrar em contato com o sistema de Newton. Estuda também direito e história, mas suas preferências inclinam-se para a filosofia e a literatura.

1723 Nasce Holbach, o sistematizador do materialismo francês.

1724 Nasce Immanuel Kant.

1725 Vico publica *A ciência nova*.

1726 Voltaire é exilado da França.

1726 Estuda Direito, lê muito, e tenta um cargo bancário em Bristol. "Realizei com sucesso o curso ordinário de estudos, e fui desde muito cedo tomado por uma paixão pela literatura, que tem sido a paixão dominante de minha vida e a fonte principal de meus prazeres."

1727 Morte de Isaac Newton.

1729 Nasce Lessing.

1734 Viaja para a França, primeiro para Rheims e depois para La Fleche. Inicia a redação do *Tratado da natureza humana*.
Voltaire publica as *Cartas inglesas*.

1737 Retorna a Londres.

1739 Aos 28 anos publica, na Inglaterra, em janeiro, os livros I e II do *Tratado da natureza humana*.
Frederico II, imperador da Prússia, publica o *Anti-Maquiavel*.

1740 Publicação do livro III do *Tratado da natureza humana*.

1741 Hume publica os *Ensaios morais e políticos*.

1743 D'Alembert publica seu *Tratado de dinâmica*.

1744 Fracassa na tentativa de obter a cadeira de filosofia moral em Edimburgo.

História natural da religião

1745 Hume é recusado ao tentar obter a cátedra de filosofia moral na Universidade de Edimburgo. Torna-se tutor do marquês de Annandale durante um ano. Morre Katherine Home, mãe de Hume.
Morre Jonathan Swift, autor de *Viagens de Gulliver* (1726).

1746 Participa de uma fracassada expedição militar à Bretanha como secretário do general Saint-Clair.
Voltaire publica *Zadig, ou o destino*.

1748 Torna-se secretário do general Saint-Clair em missão diplomática em Viena e em Turim. Publica os *Ensaios filosóficos sobre o entendimento humano*, posteriormente intitulados *Investigação sobre o entendimento humano*.
Montesquieu publica *O espírito das leis*.

1749 Nasce Goethe.
Buffon inicia a publicação de sua *História natural*.

1751 De volta à Inglaterra, publica *Investigação sobre os princípios da moral*. Fracassa na tentativa de obter a cadeira de lógica da Universidade de Edimburgo.
Publicação do primeiro volume da *Enciclopédia*.

1752 Publica os *Discursos políticos*. Escreve os *Diálogos sobre a religião natural*. Torna-se bibliotecário da ordem dos advogados de Edimburgo; dedica-se à redação de uma *História da Inglaterra*.

1753 Morre Berkeley.
Buffon publica *Buffon sobre o estilo*.

1754 Publica o primeiro volume da *História da Inglaterra* (*The History of England*).
Morre Christian Wolff.

13

David Hume

1755 Redige os ensaios "Do suicídio" e "Da imortalidade da alma".

Rousseau publica seu *Discurso sobre a desigualdade*.

Kant publica a *História geral da natureza e teoria do céu*.

1756 Publica o segundo volume da *História da Inglaterra*.

1757 Publica o livro *Quatro dissertações*, incluindo: "Da tragédia", "Das paixões", "História natural da religião" e "Do padrão do gosto".

1759 Publica o terceiro volume da *História da Inglaterra*.

Voltaire publica *Cândido*.

1761 Todas as obras de Hume são colocadas no *Index* dos livros proibidos.

1762 Publica o quarto e último volume da *História da Inglaterra*.

Nasce Fichte.

1763 Assume o cargo de secretário da embaixada inglesa em Paris, ocupada por Lord Herford, embaixador inglês. Em Paris, entra em contato com os enciclopedistas, estabelecendo amizade com Diderot, D'Alembert, d'Holbach, Helvetius, Buffon e também com Rousseau, em companhia de quem, em 1766, retorna à Inglaterra.

1766 Retorna a Londres como protetor de Rousseau, que se julga perseguido; as relações entre os dois são inicialmente amistosas, mas depois se degeneram.

1767 Em Londres, Hume torna-se subsecretário de Estado.

História natural da religião

1769 Volta para Edimburgo para viver com sua irmã Katherine. Aconselha o sobrinho sobre sua educação, constrói uma casa em New Town (em St. Andrew's Square), torna-se muito ligado a Nancy Orde, corrige sua *História da Inglaterra* para novas edições e continua a trabalhar nos *Diálogos*.
Nasce Napoleão Bonaparte.
Nasce o naturalista Alexandre Humboldt.

1776 Morre em 25 de agosto, com a idade de 65 anos, de uma desordem interna que o tinha consumido durante vários meses.

1777 É publicada a autobiografia de Hume: *Minha vida (My Own Life)*, na qual Hume assume a autoria do *Tratado*.

1779 Publicação póstuma dos *Diálogos sobre a religião natural (Dialogues Concerning Natural Religion)*.

Nota ao texto desta tradução

A *História natural da religião*, de David Hume, foi publicada várias vezes durante a vida do autor, sendo que cada edição incorporou pequenas revisões e correções. Seguimos aqui a edição póstuma, *Essays and Treatises on Several Subjects*, 2 vols. (Londres, 1777), que inclui as últimas alterações feitas por Hume. As notas de rodapé, de autoria do próprio Hume, são indicadas por asteriscos, em conformidade com o original. As referências bibliográficas nelas apresentadas são repetidas de forma mais completa entre colchetes. As demais notas, numeradas no texto e desenvolvidas no final do volume, são notas específicas desta edição, elaboradas com o apoio das edições modernas das obras de Hume. A tradução das citações em grego e latim aparece entre colchetes logo após as citações ou nas notas desta edição, no final do volume. Finalmente, mantivemos em letras maiúsculas todos os termos que assim aparecem no original.

Jaimir Conte

História natural da religião

Introdução

Embora toda investigação referente à religião tenha a máxima importância, há duas questões, em particular, que chamam nossa atenção, a saber: a que se refere ao seu fundamento racional e a que se refere à sua origem na natureza humana. Felizmente, a primeira questão, que é a mais importante, admite a mais evidente ou, pelo menos, a mais clara solução. Todo o plano da natureza evidencia um autor inteligente, e nenhum investigador racional pode, após uma séria reflexão, suspender por um instante sua crença em relação aos primeiros princípios do puro monoteísmo e da pura religião.[1] Mas a questão sobre a origem da religião na natureza humana está exposta a uma dificuldade maior. A crença em um poder invisível e inteligente tem sido amplamente difundida entre a raça humana, em todos os lugares e em todas as épocas,[2] mas talvez não tenha sido tão universal a ponto de não admitir exceção nenhuma; nem tenha sido, em alguma medida, uniforme nas ideias que fez nascer. A acreditar nos viajantes e nos historiadores, foram descobertas algumas nações que não mantêm quaisquer sentimentos religiosos; e não há duas nações, e dificilmente dois homens, que concordem com exatidão sobre os mesmos sentimentos. Parece, portanto, que esse preconceito não surge de um instinto original ou de uma impressão primária da natureza humana, como a que dá nascimento ao amor-próprio, à atração entre os sexos, ao amor pelos filhos, à gratidão ou ao ressentimento, pois constatou-se que todo instinto dessa espécie é absolutamente universal em todas as nações e em todas as épocas, e tem sempre um objeto preciso e determinado que inflexivelmente persegue. Os primeiros princípios religiosos devem ser secundários,[3] a tal ponto que facilmente podem ser pervertidos por diversos acidentes e causas, e, em certos casos, até sua operação pode ser completamente impedida por um extraordinário concurso de circunstâncias. Quais são esses princípios que engendram a crença original e quais são esses acidentes e causas que regulam sua operação é o tema de nossa presente investigação.

Seção 1
Que o politeísmo foi
a primeira religião dos homens[4]

Se considerarmos o aprimoramento da sociedade humana desde seus mais primitivos começos até um estado de maior perfeição, creio que o politeísmo ou idolatria[5] foi, e necessariamente deve ter sido, a primeira e mais antiga religião da humanidade. Esforçar-me-ei para confirmar essa opinião mediante os argumentos que seguem.

É um fato incontestável que aproximadamente 1700 anos atrás toda a humanidade era[6] politeísta. Os princípios incertos e céticos de alguns filósofos, ou o monoteísmo, que não era inteiramente puro, de uma ou duas nações, não constituem objeções dignas de ser consideradas. Vejamos então o claro testemunho da história. Quanto mais remontamos à Antiguidade, mais encontramos a humanidade imersa no politeísmo.[7] Não encontramos sinais nem sintomas de alguma religião mais perfeita. Os mais antigos registros da raça humana nos informam, além disso, que esse sistema era o credo popular e estabelecido. O norte, o sul, o leste e o oeste nos dão tes-

David Hume

temunhos unânimes a favor do mesmo fato. O que podemos opor a tão completa evidência? Até onde a escrita ou a história penetram, a humanidade, nos tempos antigos, parece ter sido universalmente politeísta. Afirmaremos que em tempos mais remotos ainda, antes do conhecimento da escrita ou da descoberta das artes e das ciências, os homens professavam os princípios do puro monoteísmo? Ou seja, que quando eram ignorantes ou bárbaros descobriram a verdade, mas que caíram no erro assim que adquiriram conhecimento e educação?

Essa afirmação contradiz não somente toda aparência de probabilidade, mas também nossos conhecimentos atuais a respeito dos princípios e opiniões das nações bárbaras. As tribos selvagens da AMÉRICA, ÁFRICA e ÁSIA são todas idólatras. Não há uma única exceção a essa regra. De tal modo que, se um viajante se mudasse para uma região desconhecida e encontrasse ali habitantes versados nas ciências e nas artes – ainda que em tal hipótese haja probabilidade de eles não serem monoteístas –, nada poderia concluir sobre esse tema sem antes realizar uma investigação mais profunda. Mas se ele os considerasse ignorantes e bárbaros, poderia afirmar, antecipadamente, com mínimas possibilidades de erro, que eram idólatras.

Parece certo que, de acordo com o progresso natural do pensamento humano, a multidão ignorante deve, num primeiro momento, nutrir uma noção vulgar e familiar dos poderes superiores antes de ampliar sua concepção para aquele ser perfeito, que conferiu ordem a todo o plano da natureza.[8] Seria tão razoável imaginar que os homens habitaram palácios antes de choças e cabanas, ou que estudaram geometria antes

História natural da religião

de agricultura, como afirmar que conceberam a divindade sob a forma de puro espírito, onisciente, onipotente e onipresente, antes de concebê-la como um ser poderoso, ainda que limitado, dotado de paixões e apetites humanos, de membros e órgãos. O espírito se eleva gradualmente do inferior para o superior: por abstração, forma, a partir do imperfeito, uma ideia da perfeição, e lentamente, distinguindo as partes mais nobres de sua própria constituição das mais grosseiras, aprende a atribuir à sua divindade somente as primeiras, as mais elevadas e puras. Nada poderia interromper esse progresso natural do pensamento, exceto um argumento evidente e invencível,[9] que pudesse conduzir imediatamente o espírito aos genuínos princípios do monoteísmo, fazendo-o transpor, num salto, o amplo espaço intermediário que separa a natureza humana da natureza divina. Mas ainda que eu reconhecesse que a ordem e o plano do universo, quando cuidadosamente examinados, fornecem tal argumento, nunca poderia pensar, entretanto, que essa consideração poderia ter uma influência sobre os homens quando estes formavam suas primeiras noções rudimentares de religião.

As causas de tais objetos, como nos são totalmente familiares, nunca despertam nossa atenção ou curiosidade, e por mais extraordinários ou surpreendentes que esses objetos sejam em si mesmos, são negligenciados sem muito exame ou investigação pela multidão inexperiente e ignorante. ADÃO, levantando-se subitamente no Paraíso e na plena perfeição de suas faculdades, ficaria naturalmente espantado, como o representa MILTON,[10] com os magníficos fenômenos da natureza, com o céu, com o ar, com a terra, com seus próprios órgãos e membros; e seria levado a perguntar de onde nasceu esse maravilhoso espetáculo. Mas um animal selvagem e necessitado (como é um homem na origem da sociedade), oprimido por tantas necessidades e paixões, não tem tempo livre para admirar o aspecto regular da natureza, ou de se perguntar a respeito da causa desses objetos, com os quais se familiarizou pouco a pouco desde sua infância. Ao contrário, quanto mais regular e uniforme a natureza se mostra, ou seja, quanto mais perfeita ela é, mais o homem se familiariza com ela e menos inclinado estará a sondá-la e examiná-la. Um parto monstruoso desperta sua curiosidade e é considerado um prodígio. Ele o desperta por causa da sua novidade e imediatamente o leva a sentir medo, a fazer sacrifícios e a rezar. Mas um animal, com todos os seus membros e órgãos perfeitos, é, para o homem, um espetáculo ordinário, não produz nenhuma opinião ou sentimento religioso. Pergunte-lhe por que aquele animal nasceu e ele lhe dirá que foi em razão da cópula de seus pais. E estes, por quê? Por causa da cópula dos seus. Alguns graus de parentesco satisfazem sua curiosidade e colocam os objetos a tal distância que ele os perde inteiramente de vista. Não pensem que levantará a questão "de onde surgiu o primeiro animal?", muito menos qual é a origem de todo o sistema do universo ou da harmonia de sua estrutura. Ou, se você lhe fizer semelhante pergunta, não espere que ele ocupe sua mente preocupando-se com um assunto tão remoto, desprovido de interesse e que ultrapassa em muito os limites de sua capacidade.

Além disso, se ao pensar no plano da natureza os homens fossem inicialmente levados a acreditar num ser supremo, eles talvez nunca pudessem abandonar essa crença a fim de abraçar[11] o politeísmo; mas o mesmo princípio da razão, que

História natural da religião

inicialmente produziu e difundiu entre os homens uma opinião tão esplêndida, deve ser capaz, mais facilmente ainda, de preservá-la. É bem mais difícil inventar e provar pela primeira vez uma doutrina do que defendê-la e mantê-la.

Existe uma grande diferença entre os fatos históricos e as opiniões especulativas; o conhecimento dos fatos históricos não se propaga da mesma maneira que as opiniões especulativas. Um fato histórico, à medida que é transmitido pela tradição oral a partir dos testemunhos oculares e dos contemporâneos, é alterado em cada narração sucessiva, e pode, no final, conservar apenas uma fraca semelhança — se conservar alguma — com a verdade original, sobre a qual estava fundamentado. A frágil memória dos homens, seu gosto pelo exagero, sua enorme desatenção — todos esses princípios, se não são corrigidos pelos livros e escritos, deturpam rapidamente os relatos dos acontecimentos históricos, nos quais os argumentos e raciocínios têm pouco ou nenhum lugar, nem sequer podem evocar a verdade que um dia escapou a essas narrativas. E, assim, imagina-se que as fábulas de HÉRCULES, de TESEU e de BACO foram originalmente fundadas na história verdadeira, corrompida pela tradição. Mas em relação às opiniões especulativas, o caso é completamente diferente. Se essas opiniões são fundamentadas em argumentos tão claros e evidentes que conduzem à convicção a maioria dos homens, os mesmos argumentos, que a princípio difundiram essas opiniões, conservaram-nas, não obstante, em sua pureza original. Se os argumentos são mais abstrusos e mais distantes da compreensão comum, as opiniões sempre permanecerão limitadas a um pequeno número de pessoas; e elas desaparecerão imediatamente e serão enterradas no esquecimento tão logo os homens deixem a

David Hume

contemplação dos argumentos. De qualquer lado que tomemos esse dilema, parece impossível que o monoteísmo possa ter sido, a partir do raciocínio, a primeira religião da raça humana, e tenha dado nascimento em seguida, por conta da sua corrupção, ao politeísmo e a todas as diversas superstições do mundo pagão. A razão, quando clara, previne tais corrupções; quando abstrusa, mantém os princípios inteiramente afastados do conhecimento das pessoas comuns, que são só propensas a corromper um princípio ou opinião.

Seção 2
Origem do politeísmo

Se quisermos, então, satisfazer nossa curiosidade ao investigar a origem da religião, devemos voltar nosso pensamento para[12] o politeísmo, a religião primitiva dos homens incultos.

Se os homens fossem levados à apreensão de um poder invisível e inteligente pela contemplação das obras da natureza, eles talvez nunca pudessem nutrir outra concepção senão a de um ser único, que conferiu existência e ordem a esta vasta máquina, e ajustou todas as suas partes segundo um plano regular ou sistema organizado.

Não obstante, para pessoas que possuem um certo modo de pensar, pode não parecer completamente absurdo que vários seres independentes, dotados de uma sabedoria superior, fossem capazes de cooperar para a invenção e execução de um plano regular. Contudo, essa é uma hipótese meramente arbitrária, que, mesmo que a admitamos como possível, não é sustentada pela probabilidade nem pela necessidade. Todas as coisas do universo são evidentemente uniformes. Todas as coisas estão ajustadas a outras coisas. Um desígnio predomina inteiramente em tudo. E essa uniformidade leva a mente a reconhecer um só autor, pois a concepção de diferentes autores, sem qualquer distinção de atributos ou operações, serve apenas para tornar a imaginação perplexa, sem dar nenhuma satisfação ao entendimento.[13] A estátua de LAOCOONTE, como sabemos através de PLÍNIO, foi obra de três artistas, mas é certo que, se este não nos tivesse dito isso, nunca imaginaríamos que uma classe de imagens, talhadas numa só pedra e unidas em um só plano, não seria obra e criação de um só escultor. Atribuir um efeito único à combinação de várias causas não é, certamente, uma hipótese evidente e natural.

Porém, se deixando de lado as obras da natureza, observarmos os sinais do poder invisível em diversos e contrários acontecimentos da vida humana, seremos necessariamente levados ao politeísmo e ao reconhecimento de várias divindades limitadas e imperfeitas. Temporais e tempestades destroem o que é alimentado pelo sol. O sol destrói o que é alimentado pela umidade do orvalho e das chuvas. A guerra pode ser favorável a uma nação, cuja inclemência das estações a aflige com a fome. As enfermidades e as pestes podem desolar a população de um reino em meio à mais abundante fartura. A mesma nação não triunfa igualmente, ao mesmo tempo, no mar e na terra. E uma nação que hoje triunfa sobre seus inimigos pode, amanhã, cair sob armas mais avançadas. Em suma, a direção dos acontecimentos, ou aquilo que chamamos de plano de uma providência particular, é tão cheia de variedade e incerteza que, se a imaginamos sob a direção imediata de um ser in-

História natural da religião

teligente, devemos reconhecer uma contradição em seus desígnios e intenções, um constante combate de poderes opostos e um arrependimento ou mudança de intenção nesse mesmo poder, por causa da sua impotência ou inconstância. Cada nação tem sua divindade protetora. Cada elemento é submetido a seu poder ou ação invisível. A alçada de cada deus é separada da alçada dos demais. E as operações do mesmo deus não são sempre certas e invariáveis. Hoje ele nos protege, amanhã nos abandona. Rezas e sacrifícios, ritos e cerimônias, bem ou mal realizados, são as fontes de seu favor ou inimizade, e produzem toda a boa ou má fortuna que pode ser encontrada entre os homens.

Podemos concluir, portanto, que, em todas as nações que abraçaram o politeísmo,[14] as primeiras ideias da religião não nasceram de uma contemplação das obras da natureza, mas de uma preocupação em relação aos acontecimentos da vida, e da incessante esperança e medo que influenciam o espírito humano.

De fato, descobrimos que todos os idólatras, após ter dividido os domínios de suas divindades, recorreram àquele agente invisível, que os mantém sob sua autoridade imediata e cuja alçada é supervisionar aquele curso de ações, no qual a qualquer hora eles se empenham. JUNO é invocado nos casamentos; LUCINA nos partos. NETUNO recebe as preces dos marinheiros; MARTE, as dos guerreiros. Os agricultores cultivam seus campos sob a proteção de CERES; e os negociantes reconhecem a autoridade de MERCÚRIO. Imagina-se que todo acontecimento natural é governado por algum ser inteligente; e nada próspero ou adverso pode acontecer no decorrer da vida que não possa ser assunto de preces particulares ou de ação de graças.*

De fato, deve-se necessariamente reconhecer que, para poder levar suas intenções para além do curso presente das coisas ou para alguma inferência sobre o poder invisível e inteligente, os homens devem ser influenciados por uma certa paixão que suscita seus pensamentos e reflexão; por motivos que provocam sua investigação inicial. Mas a que paixão devemos aqui recorrer para explicar um efeito de consequências tão importantes? Não é certamente à curiosidade especulativa ou ao puro amor à verdade. Esse motivo é demasiado refinado para um entendimento tão grosseiro; e levaria os homens a investigações sobre o plano da natureza, um tema demasiado amplo e abrangente para suas estreitas capacidades. As únicas paixões que podemos imaginar capazes de agir sobre tais homens incultos são as paixões ordinárias da vida humana, a ansiosa busca da felicidade, o temor de calamidades futuras, o medo da morte, a sede de vingança, a fome e outras necessidades. Agitados por esperanças e medos dessa natureza, e sobre-

---

* *Fragilis & laboriosa mortalitas in partes ista digessit, infirmitatis suae memor, ut portionibus coleret quisque, quo maxime indigeret* (*Frágeis e sofredores mortais, recordando suas fraquezas, dividiram as divindades em grupos, assim como os cultos em seções, segundo a necessidade de cada divindade*). PLIN. lib. ii. cap.5 [Plínio, *História natural*, livro II, cap.5, sec.15a]. Desde a época de *Hesíodo* havia 30 mil divindades. *Oper. & Dier.* lib. i [Hesíodo, *Os trabalhos e os dias*, livro I, 252]. Mas a tarefa a ser desempenhada por estes parecia ainda muito grande para seu número. Os domínios das divindades foram de tal modo tão subdivididos, que havia até um deus dos *espirros*. Ver ARIST. *Probl.* sect.33. cap.7 [Aristóteles, *Problemas*, cap.7, sec.33]. O domínio da cópula, de acordo com sua importância e com sua dignidade, foi dividido entre várias divindades.

História natural da religião

tudo pelos últimos, os homens examinam com uma trêmula curiosidade o curso das causas futuras, e analisam os diversos e contraditórios acontecimentos da vida humana. E nesse cenário desordenado, com os olhos ainda mais desordenados e maravilhados, eles veem os primeiros sinais obscuros da divindade.

Seção 3
Continuação do mesmo tema

Estamos colocados neste mundo como em um grande teatro, onde as verdadeiras origens e causas de cada acontecimento nos estão inteiramente ocultas. Não temos sabedoria suficiente para prever os males que continuamente nos ameaçam, nem poder para evitá-los. Vivemos suspensos num perpétuo equilíbrio entre a vida e a morte, a saúde e a doença, a saciedade e o desejo, coisas que são distribuídas entre a espécie humana por causas secretas e desconhecidas, e que atuam frequentemente de forma inesperada e, sempre, inexplicável. Essas *causas desconhecidas* tornam-se, pois, o objeto constante de nossa esperança e medo; e, enquanto nossas paixões são continuamente excitadas pela ansiosa expectativa dos acontecimentos, empregamos também a imaginação, a fim de formar uma ideia sobre esses poderes, dos quais dependemos totalmente. Se os homens pudessem dissecar a natureza de acordo com a filosofia mais provável ou, pelo menos, com a mais inteligível, descobririam que tais causas consistem apenas na peculiar constituição e estrutura das partes diminutas de seus próprios corpos e dos objetos exteriores, e que, por um mecanismo regular e constante, produz todos os acontecimentos que tanto os inquietam. Mas essa filosofia ultrapassa a compreensão da multidão ignorante, que pode apenas conceber essas *causas desconhecidas* de uma maneira geral e confusa, embora sua imaginação, que gira perpetuamente sobre o mesmo assunto, deva esforçar-se para formar uma ideia particular e distinta acerca dessas causas. Quanto mais os homens examinam essas causas desconhecidas e a incerteza de sua operação, menos satisfação alcançam em suas investigações; e por mais relutantes, teriam necessariamente abandonado um esforço tão árduo se não houvesse na natureza humana uma inclinação que os levasse a um sistema capaz de lhes proporcionar alguma satisfação.

Os homens têm uma tendência geral para conceber todos os seres segundo sua própria imagem, e para transferir a todos os objetos as qualidades com as quais estão mais familiarizados — e das quais têm consciência mais íntima. Descobrimos formas de faces humanas na lua, e de membros nas nuvens, e por uma inclinação natural, se não for corrigida pela experiência ou pela reflexão, atribuímos maldade ou bondade a tudo o que nos faz mal ou nos agrada. Daí o frequente emprego das *prosopopeias* na poesia, e a sua beleza: árvores, montanhas e rios são personificados e atribui-se sentimentos e paixões aos elementos inanimados da natureza. E embora essas figuras e expressões poéticas não nos inspirem fé, podem servir, pelo menos, para mostrar uma certa tendência da imaginação, sem a qual não poderiam ser nem belas nem naturais. Nem sempre os deuses dos rios ou as hamadríadas[15] são to-

História natural da religião

mados por seres puramente poéticos e imaginários; eles podem, às vezes, fazer parte das crenças autênticas do vulgo ignorante, ao mesmo tempo que cada bosque ou campo é representado sob o domínio de um *gênio* particular ou de um poder invisível que o habita e o protege. Nem mesmo os filósofos podem eximir-se inteiramente dessa fraqueza natural, ao contrário, têm frequentemente atribuído à matéria inanimada o horror ao *vazio*, simpatias, antipatias e outros sentimentos de natureza humana. O absurdo não é menor quando levantamos os olhos para o céu e, transferindo – como é bastante comum – as paixões e as fraquezas humanas para a divindade, a representamos como invejosa e vingativa, caprichosa e parcial, em suma, idêntica em todos os aspectos a um homem perverso e insensato, exceto quanto ao seu poder e autoridade superiores. Não é surpreendente, então, que o homem, absolutamente ignorante das causas, e ao mesmo tempo tomado por tamanha ansiedade quanto ao seu futuro destino, reconheça imediatamente que depende de poderes invisíveis, dotados de sentimentos e de inteligência. As *causas desconhecidas* que ocupam sem cessar seu pensamento, ao se apresentarem sempre sob o mesmo aspecto, são todas consideradas do mesmo tipo ou espécie. E pouco falta para que atribuamos à divindade pensamentos, raciocínio, paixões e, às vezes, até membros e formas humanas, a fim de aproximá-la mais da nossa própria imagem.

Descobrimos continuamente que quanto mais um homem vive uma existência governada pelo acaso, mais ele é supersticioso, como se pode particularmente observar entre os jogadores e os marinheiros, que, embora de entre todos os homens sejam os menos capazes de reflexão séria, são repletos

David Hume

de apreensões frívolas e supersticiosas. Os deuses, diz CORIOLANO, segundo DIONÍSIO,* têm uma influência sobre todas as coisas, mas acima de tudo sobre a guerra, momento em que os acontecimentos são tão incertos. Toda a vida humana, sobretudo antes da instituição de uma ordem e de um bom governo, está sujeita a acidentes fortuitos; e é natural que a superstição deva predominar em todo lugar nas épocas selvagens e colocar os homens diante da mais séria investigação sobre os poderes invisíveis que dispõem de sua felicidade ou de sua miséria. Ignorantes quanto à astronomia e quanto à anatomia das plantas e dos animais, e muito pouco curiosos para observar a admirável harmonia das causas finais, os homens permanecem ainda muito distanciados da noção de um criador primeiro e supremo, bem como da noção de um espírito infinitamente perfeito que, sozinho, por sua vontade todo-poderosa, conferiu ordem a toda estrutura da natureza.[16] Uma ideia tão esplêndida é muito elevada para suas estreitas concepções, que não podem observar a beleza da obra, nem compreender a grandeza de seu autor. Os homens imaginam que suas divindades, apesar de poderosas e invisíveis, não são mais que criaturas humanas, talvez surgidas no meio deles, e que conservam todas as paixões e apetites humanos, assim como seus membros e seus órgãos físicos. Tais seres limitados, embora senhores do destino humano, sendo incapazes, cada um deles, de estender sua influência sobre tudo, devem ser consideravelmente multiplicados, a fim de responder à variedade de eventos que acontecem sobre

---

* Lib. viii. 33 [Dionísio de Halicarnaso, *Antiguidades romanas*, livro VIII, cap.2, sec.2].

toda a face da natureza. Dessa forma, cada cidade tem um grande número de divindades locais; e assim o politeísmo predominou, e ainda predomina, entre a maioria dos homens incultos.*

Qualquer um dos sentimentos humanos pode nos levar à noção de um poder invisível e inteligente: a esperança, assim como o medo; a gratidão, assim como a aflição. Mas se examinarmos nosso próprio coração, ou se observarmos o que se passa ao nosso redor, descobriremos que os homens ajoelham-se bem mais frequentemente por causa da melancolia do que por causa de paixões agradáveis. Aceitamos facilmente a prosperidade como nosso dever, e quase não nos perguntamos sobre sua causa ou sobre seu autor. Ela produz a alegria, a atividade, o entusiasmo e um vívido gozo de todos os prazeres sociais e sensuais. Enquanto permanecemos nesse estado de espírito, temos pouco tempo ou inclinação para pensar em regiões desconhecidas e invisíveis. Porém, todo acidente funesto nos desperta e nos incita a investigações sobre os princípios de sua origem. Surgem apreensões em relação ao futu-

---

* Os versos de EURÍPEDES, abaixo, são tão apropriados para o presente tema que não posso deixar de citá-los:

Οὐκ ἔστιν οὐδὲν πιστόν, οὔτ' εὐδοξία,

Οὔτ' αὖ καλῶσ πράσσοντα μὴ πράξειν κακῶς.

Φύρουσι δ' αὖθ οἱ θεοὶ πάλιν τε καὶ πρόσω,

Ταραγμὸν ἐντιθέντες, ὡς ἀγνωσίᾳ

Σέβωμεν αὐτοώς. (*Hécuba*, 11.956-960.)

(Nada existe de estável neste mundo; nem glória nem prosperidade. Os deuses lançam toda a existência na confusão; misturam todas as coisas com as suas contrárias para que todos nós, por nossa ignorância e por incerteza, lhes retribuamos com mais adoração e veneração.)

ro, e o espírito, em virtude da desconfiança, do terror e da melancolia, recorre a todos os métodos suscetíveis de satisfazer os poderes secretos e inteligentes, dos quais, pensamos nós, nosso destino depende inteiramente.

Não existe prática mais comum em todas as teologias populares do que exibir as vantagens da aflição, levando os homens a um verdadeiro sentimento religioso, reduzindo sua confiança e sua sensualidade, que, nos tempos de prosperidade, fazem com que esqueçam a providência divina. E essa prática não se limita apenas às religiões modernas. Os antigos também a empregaram. "A fortuna", diz um historiador GREGO,* "nunca foi generosa, sem inveja, nunca concedeu liberalmente nem sem mistura uma felicidade perfeita aos homens; mas a todas as suas dádivas sempre uniu algumas circunstâncias desastrosas, a fim de castigar os homens e levá-los a venerar os deuses; pois os homens, em meio a uma prosperidade contínua, tendem a negligenciá-los e esquecê-los".

Que idade ou período da vida é o mais inclinado à superstição? O mais fraco e o mais tímido. Que sexo? É preciso dar a mesma resposta. "As mulheres", diz ESTRABÃO,** "são as líderes e modelos de todos os tipos de superstições. Elas incitam os homens à devoção, às súplicas e à observância dos dias religiosos. É raro encontrar um homem que viva afastado das mulheres, e que, no entanto, seja dado a tais práticas. E, por isso, nada pode ser mais improvável do que aquilo que se diz de uma ordem masculina entre os GETES, que praticava o ce-

---

* Diodoro Siculus, livro III, cap.47, sec.1 [Diodoro de Sicília, livro III, cap.47, sec.1].

** Lib. vii. 297 [Estrabão, *Geografia*, livro VII, cap.3].

História natural da religião

libato e que, não obstante, dava prova do mais religioso fanatismo". Método de raciocínio que nos levaria a nutrir uma má ideia sobre a devoção dos monges, se não soubéssemos por experiência, não tão comum, talvez, na época de ESTRABÃO, que é possível praticar o celibato, professar a castidade e conservar, contudo, a mais estreita ligação, e a mais completa simpatia, ao sexo frágil e devotado.

Seção 4
Que o politeísmo não considera os deuses criadores ou autores do mundo

A única questão teológica sobre a qual encontramos um consenso quase universal entre os homens é que existe um poder invisível e inteligente no mundo. Mas se esse poder é supremo ou subordinado, se está nas mãos de um único ser ou distribuído entre vários, quais atributos, qualidades, conexões ou princípios de ação devem ser atribuídos a esses seres? Sobre todas essas questões existe a mais completa divergência nos sistemas teológicos populares. Nossos ancestrais, na EUROPA, antes do renascimento das letras, acreditavam, como fazemos atualmente, que há um deus supremo, autor da natureza, cujo poder, embora em si mesmo incontrolável, não obstante é exercido frequentemente pela intervenção de seus anjos e ministros subordinados, que executam seus propósitos sagrados. Mas eles também acreditavam que toda a natureza era repleta de outros poderes invisíveis: fadas, gnomos, duendes, espíritos, seres mais fortes e mais poderosos que os homens, mas muito mais inferiores às naturezas celestiais que cercavam o trono de Deus. Ora, imaginemos que um homem, naquela época, tivesse negado a existência de Deus e de seus anjos; sua impiedade não teria merecido justamente a denominação de ateísmo, mesmo que ele tivesse reconhecido, por algum estranho capricho de raciocínio, que as lendas populares de duendes e fadas eram verdadeiras e bem fundamentadas? A diferença, por um lado, entre tal indivíduo e um monoteísta genuíno é infinitamente maior do que aquela, por outro lado, entre ele e alguém que exclui absolutamente todo poder inteligente e invisível. E trata-se de uma falácia devida apenas à semelhança acidental dos nomes, sem qualquer sentido coerente, classificar opiniões tão contrárias sob a mesma denominação.

Se considerarmos devidamente o assunto, tornar-se-á evidente que os deuses de todos os politeístas não valem mais que os duendes e as fadas de nossos ancestrais, e merecem bem pouca devoção ou veneração.

Esses pretensos religiosos são, na realidade, uma espécie de ateus supersticiosos que não reconhecem ser algum que corresponda à nossa ideia da divindade. Nenhum primeiro princípio espiritual ou intelectual; nenhum governo ou administração supremos; nenhum plano ou intenção divinos na constituição do mundo.

Os CHINESES* batem em seus ídolos quando suas preces não são ouvidas. As divindades dos LAPÔNIOS são todas as pedras enormes, de formato extraordinário, que eles encontram.**

---

* Père le Comte [Père le Comte, *Novas notícias sobre o estado atual da China*].

** Regnard, *Voiage de Laponie* [Jean-François Regnard, *Viagem à Lapônia*].

Os mitólogos EGÍPCIOS, a fim de explicar o culto aos animais, diziam que os deuses, perseguidos pela violência dos homens mortais, seus inimigos, tinham sido outrora obrigados a disfarçar-se sob a forma de bestas.* Os CAUNIS, um povo da ÁSIA MENOR, decidiram não admitir entre eles qualquer deus estrangeiro; eles reuniam-se e armavam-se completamente em certos períodos regulares e, dando golpes no ar com suas lanças, avançavam até suas fronteiras, a fim de, diziam eles, expulsar as divindades estrangeiras.** "Nem mesmo os deuses imortais", diziam algumas nações GERMÂNICAS a CÉSAR, "estão à altura dos SUECOS".***

Em HOMERO, DIONE diz a VÊNUS ferida por DIOMEDES: "Muitos males, muitos males, minha filha, os deuses têm infligido aos homens; e, em troca, muitos males os homens têm infligido aos deuses".**** Não precisamos mais que abrir um autor clássico para encontrar essas representações grosseiras das divindades. E LONGINO***** observa, com razão, que tais ideias da natureza divina, se tomadas literalmente, encerram um verdadeiro ateísmo.

---

* Diod. Sic. lib. i. 86 [Diodoro de Sicília, livro I, cap.86]; Lucian. *de Sacrificiis* [Luciano, *Sobre os sacrifícios*, sec.14]; Ovídio refere-se à mesma tradição, Metam. lib. v. l. 321 [*Metamorfoses*, livro V, 2, 321-31]. Ver também Manilius, lib. iv. 800 [Manílio, *Astronômica*, livro IV, 580 e 800].

** Herodot. lib. i. 172 [Heródoto, *História*, livro I, cap.172].

*** Caes. *Comment. de bello Gallico*, lib. iv [César, *Guerra da Gália*, livro IV, sec.7].

**** Lib. v. 382 [Homero, *Ilíada*, livro V, II, p.381-4].

***** Cap.ix [Longino, *Do sublime*, cap.9, sec.7].

David Hume

Alguns escritores* mostraram-se surpresos que as impiedades de ARISTÓFANES tenham sido toleradas e ainda publicamente representadas e aplaudidas pelos ATENIENSES, um povo tão supersticioso e preocupado com a religião pública, que, ao mesmo tempo, condenava à morte SÓCRATES, sob o pretexto de sua suposta incredulidade. Mas esses escritores não viam que as imagens familiares e grotescas sob as quais o poeta cômico representava os deuses, em vez de parecerem ímpias, constituíam a verdadeira inspiração na qual os antigos concebiam suas divindades. Que conduta pode ser mais criminosa ou mais vil que a de JÚPITER no *ANFITRIÃO*?[17]

Contudo, imaginava-se que essa peça, que representava suas façanhas heroicas, era tão agradável a JÚPITER que era sempre representada em ROMA, por decreto público, quando o Estado se achava ameaçado pela peste, pela fome ou por uma calamidade geral.** Os ROMANOS imaginavam que, como todos os velhos libertinos, Júpiter ficaria bastante satisfeito com a narrativa de suas primeiras façanhas de bravura e vigor, e que nenhum assunto era tão adequado para satisfazer sua vaidade.

Os LACEDEMÔNIOS, diz XENOFONTE,*** sempre faziam seus pedidos, durante a guerra, logo de manhã cedo, a fim de se anteciparem aos seus inimigos e, ao ser os primeiros a re-

---

* Pere Brumoy, *Theatre des Grecs* & Fontenelle, *Histoire des Oracles* [Pierre Brumoy, *Teatro dos gregos*; e Bernard de Fontenelle, *História dos oráculos*].

** Arnob. lib. vii. 507 H [Arnóbio, *Sete livros contra os pagãos*, livro VII, cap.33].

*** De Laced. *Rep.* 13 [Xenofonte, *Constituição dos lacedemônios*, cap.13, sec.2-5].

zar, engajar antecipadamente os deuses a seu favor. Podemos concluir, a partir de SÊNECA,* que era comum nos templos que os devotos usassem sua influência com o bedel ou sacristão de maneira que arrumassem um lugar para sentar próximo à imagem da divindade, a fim de ser mais bem ouvidos por esta em suas preces e pedidos. Os TÍRIOS, quando sitiados por ALEXANDRE,[18] lançaram algemas sobre a estátua de HÉRCULES com o intuito de impedir que este deus passasse para o lado inimigo.** AUGUSTO, após ter perdido sua frota duas vezes por causa das tempestades, proibiu que NETUNO fosse carregado em procissão com os outros deuses; e imaginou que se tinha vingado suficientemente através de tal expediente.*** Após a morte de GERMÂNICO, as pessoas ficaram tão enfurecidas contra seus deuses que os apedrejaram nos templos e renunciaram abertamente a toda devoção a eles.****

Nunca entra na imaginação de um politeísta ou idólatra atribuir a esses seres imperfeitos a origem e a constituição do universo. HESÍODO,***** cujos escritos, ao lado dos de HOMERO, contêm o sistema canônico dos céus; HESÍODO, eu dizia, supõe que os deuses e os homens foram engendrados

---

    * *Epist.* xli [Sêneca, *Epístolas morais*, XLI].

    ** Quint. Curtius, lib. iv. cap.3. Diod. Sic. lib. xvii. 41 [Quinto Cúrcio, *História de Alexandre*, livro IV, cap.3, seções 21-22; Diodoro de Sicília, livro XVII, cap.41, sec.8].

    *** Suet. *in vita Aug.* cap.16 [Suetônio, *Os doze Césares*, livro II, "A sagração de Augusto", cap.16].

    **** Id. *in vita Cal.* cap.5 [Suetônio, *Os doze Césares,* livro IV, "Caio Calígula", cap.5].

    ***** Herodot. liv ii. 53. Lucian, Jupiter confutatus, de luctu, Saturn, &c.[Heródoto, *História*, livro II, cap.53; Luciano, "Zeus catequizado", seção 1; "Sobre os funerais", seção 2].

David Hume

uns e outros pelos poderes desconhecidos da natureza.* E do início ao fim de toda a teogonia desse autor, PANDORA é o único exemplo de uma criação ou de uma produção voluntária – e ela também foi criada pelos deuses por simples despeito a PROMETEU, que tinha dado aos homens o fogo roubado das regiões celestiais.** Na verdade, os antigos mitólogos parecem, do começo ao fim, ter antes abraçado a ideia da geração que a da criação ou formação e, a partir disso, explicado a origem deste universo.

OVÍDIO, que viveu numa época ilustrada e a quem os filósofos tinham ensinado os princípios de uma criação ou formação divina do mundo, acha que tal ideia não estaria de acordo com a mitologia popular, e ele a deixa, por assim dizer, sem ligação nem relação com seu sistema. *Quisquis fuit ille Deorum?**** Quem quer que fosse este deus, diz ele, fez desaparecer o Caos[19] e introduziu uma ordem no universo. Não poderia ter sido SATURNO, diz ele, nem JÚPITER, nem NETUNO, nem qualquer das divindades aceitas pelos pagãos. Seu sistema teológico nada lhe tinha ensinado sobre esse assunto, e ele deixa a questão igualmente indeterminada.

DIODORO DE SICÍLIA,**** ao começar sua obra com uma enumeração das opiniões mais razoáveis a respeito da origem do mundo, não menciona um deus ou um espírito inteligente, embora sua história torne evidente que ele estava muito

---

* Ὡς ὁμόθεν γεγάσι Θεοι Θνητοι τἄνθρωποι ("Como da mesma origem nasceram deuses e homens"). Hes. *Opera and Dies*. l. 108 [Hesíodo, *Os trabalhos e os dias*, I, 108].

** *Theog*. l. 570 [Hesíodo, *Teogonia*, I, 570].

*** *Metamorph*. lib. i. l. 32 [Ovídio, *Metamorfoses*, livro I, 1, 32].

**** Lib. i. 6 e seg. [Diodoro de Sicília, livro I, cap.6 e 7].

mais inclinado à superstição do que à irreligião. E, falando em outra passagem* de uma nação da ÍNDIA, da nação dos *ICHTHYOPHAGI*,[20] afirma que há uma dificuldade tão grande em explicar sua descendência, que devíamos concluir, então, que eles são aborígines, que sua linhagem não teve começo e que sua raça se propaga desde toda eternidade; da mesma forma como alguns fisiólogos têm justamente observado ao tratar da origem da natureza. "Mas em tais assuntos", acrescenta o historiador, "que ultrapassam toda a capacidade humana, pode muito bem acontecer que aqueles que mais falam sejam os que menos sabem, pois alcançam em seus raciocínios uma falsa imagem da verdade, muito distante da exata verdade e dos fatos".

Eis, a nossos olhos, um estranho sentimento para ser abraçado por um homem religioso que se declara como tal e se mostra entusiasta!**

Mas foi apenas por acidente que a questão sobre a origem do mundo, mesmo na Antiguidade, entrou nos seus sistemas religiosos ou foi tratada pelos teólogos. Os filósofos apenas professaram livrar-se de sistemas desse tipo; e foi só depois de muito tempo que chegaram a recorrer a um espírito ou a uma inteligência suprema como a causa primeira de todas as

---

* Lib. iii. 20 [Diodoro de Sicília, livro III, cap.20].

** O mesmo autor, que pôde assim explicar a origem do mundo sem recorrer a uma divindade, considera que é ímpio explicar a partir de causas físicas os acidentes ordinários da existência, os terremotos, as inundações e as tempestades; e devotamente os atribui à ira de Júpiter ou Netuno. E isso é uma prova evidente de que ele deriva de suas ideias da religião. Ver lib. xv. c.48 p.364 *Ex edit. Rhodomanni* [Diodoro de Sicília, livro XV, cap.48].

coisas. Nesse tempo estava longe de ser considerado profano explicar a origem das coisas sem recorrer a uma divindade, de modo que TALES, ANAXÍMENES, HERÁCLITO e outros, que abraçaram esse sistema cosmogônico, não foram questionados, enquanto ANAXÁGORAS,[21] sem dúvida o primeiro monoteísta entre os filósofos, foi talvez o primeiro a ser acusado de ateísmo.*

SEXTO EMPÍRICO** nos diz que, em sua juventude, EPICURO lia com seu preceptor os seguintes versos de HESÍODO:

> Primeiro nasceu o *caos*, o mais velho dos seres;
> Depois a *terra*, ampla extensão, a *base* de tudo.

O jovem estudante, traído por seu gênio questionador, perguntou: "E de onde nasceu o caos?". Mas seu preceptor lhe respondeu que ele deveria recorrer aos filósofos para ob-

---

* Será fácil explicar por que Tales, Anaximandro e os filósofos antigos, que na realidade eram ateus, podiam ser muito ortodoxos segundo a crença pagã, e por que Anaxágoras e Sócrates, embora verdadeiros monoteístas, foram naturalmente, nos tempos antigos, considerados ímpios. Os poderes cegos e desgovernados da natureza, se pudessem produzir homens, poderiam também produzir seres como Júpiter e Netuno, que se apresentam como os seres mais poderosos e inteligentes do mundo, e que seriam objetos próprios de adoração. Mas quando se admite uma inteligência suprema, a causa primeira de tudo, esses seres caprichosos, se eles de algum modo existem, devem parecer muito subordinados e dependentes, e, consequentemente, ser excluídos do posto de divindades. Platão (*de leg.* lib. x. 886 D.) [*Leis*, livro X, 886a-e] aponta essa razão para a acusação lançada contra Anaxágoras, isto é, sobre sua recusa em reconhecer a divindade das estrelas, dos planetas e de outros objetos criados.

** *Adversus Mathem*, lib. 480 [Sexto Empírico, *Contra os físicos*, livro II, sec.18-19].

História natural da religião

ter uma resposta a tal questão. E, partindo dessa sugestão, EPICURO abandonou a filologia e todos os outros estudos, a fim de dedicar-se à filosofia, a única ciência da qual esperava uma satisfação em relação a esses assuntos sublimes.

Os homens comuns provavelmente nunca foram levados tão longe em suas pesquisas, nem derivaram da razão seus sistemas religiosos, embora filólogos e mitólogos, como vimos, jamais manifestaram tanta penetração. E mesmo os filósofos que falavam sobre tais assuntos davam imediatamente seu assentimento às teorias mais grosseiras e admitiam a origem comum dos deuses e dos homens, provenientes da noite e do caos, do fogo, da água, do ar, ou de qualquer elemento que estabeleciam como predominante.

Não foi apenas quanto à sua origem que se imaginou que os deuses dependiam dos poderes da natureza. Ao longo de toda a sua existência, eles ficavam sujeitos ao poder da sorte ou do destino. "Pensem na força da necessidade", diz AGRIPA ao povo ROMANO, "essa força à qual mesmo os deuses devem se submeter".* E PLÍNIO,** o jovem, concordando com esse modo de pensar, nos diz que em meio à escuridão, ao horror e à confusão que se seguiu à primeira erupção do VESÚVIO, vários concluíram que toda a natureza estava indo à ruína, e que os deuses e os homens estavam morrendo juntos na mesma destruição.

É preciso, na verdade, muita complacência para honrar com o nome de religião um sistema teológico tão imperfeito,

---

* Dionys. Halic. lib. vi. 54 [Dionísio de Halicarnaso, *Antiguidades romanas*, livro VI, cap.54].

** *Epist.* lib. vi [Plínio, *Cartas*, livro VI, carta 20, seções 14-15].

bem como para colocá-lo no mesmo nível que os sistemas mais recentes, fundados sobre princípios mais justos e mais sublimes. De minha parte, tenho dificuldade de admitir que mesmo os princípios de MARCO AURÉLIO, de PLUTARCO e de alguns outros estoicos e acadêmicos,[22] embora muito mais refinados do que a superstição pagã, mereçam o título honroso de monoteísmo. Pois se a mitologia dos pagãos se parece com o antigo sistema EUROPEU de seres espirituais, excluindo deus e anjos e ficando apenas com fadas e espíritos, podemos dizer que a crença desses filósofos exclui justamente a divindade e deixa somente anjos e fadas.

Seção 5
Diversas formas de politeísmo: a alegoria, a veneração dos heróis

Nosso principal interesse no momento é considerar o politeísmo[23] grosseiro do vulgo e delinear todos os seus diversos aspectos, a partir dos princípios da natureza humana dos quais são derivados.

Quem quer que descubra por meio de argumentos a existência de um poder inteligente e invisível, deve raciocinar a partir do admirável plano dos objetos naturais, e também deve supor que o mundo é obra desse ser divino, a causa original de todas as coisas. Mas o politeísta vulgar está longe de admitir essa ideia: ele diviniza cada parte do universo e imagina que todas as produções manifestas da natureza são elas mesmas outras tantas divindades reais. Segundo seu sistema, o sol, a lua e as estrelas são todos deuses; as fontes são povoadas por ninfas e as árvores, por hamadríadas. Até os macacos, os cães, os gatos e outros animais frequentemente se transformam, a seus olhos, em objetos sagrados, e o levam ao culto religioso. E assim, quanto mais forte é a tendência dos homens para crer em um poder invisível e inteligente presente na natureza, mais eles têm uma tendência igualmente forte de dar atenção aos objetos sensíveis e visíveis, e, a fim de reconciliar essas inclinações contrárias, são levados a unir o poder invisível a algum objeto visível.

A distribuição, além disso, de distintos domínios para as várias divindades é suscetível de fazer entrar elementos alegóricos, tanto físicos quanto morais, no sistema vulgar do politeísmo. O deus da guerra será naturalmente representado como furioso, cruel e violento; o deus da poesia será distinto, educado e amável; o deus do comércio, sobretudo nos tempos primitivos, será um deus desonesto e impostor.

As alegorias imaginadas por HOMERO e outros mitólogos são muitas vezes tão forçadas, eu reconheço, que um homem sensato se sente inclinado a rejeitá-las totalmente e a considerá-las mero produto da fantasia e da vaidade dos críticos e comentadores. Mas é inegável, ainda que para a mais superficial consideração, que a alegoria realmente ocupa um lugar na mitologia pagã. CUPIDO é filho de VÊNUS; as MUSAS são filhas da memória; PROMETEU é o irmão sábio e EPIMETEU, o irmão insensato; HIGIA, deusa da saúde, é filha de ESCULÁPIO, o deus da medicina. Quem não vê nesses exemplos e em muitos outros os traços evidentes da alegoria? Quando se supõe que um determinado deus governa cada paixão, cada acontecimento ou sistema de ações, é quase inevitável outorgar-lhe uma genealogia, atributos e aventuras de acordo com seus supostos poderes e influência, bem como deixar-se levar por essas semelhanças e comparações, que, naturalmente, tanto agradam o espírito humano. Não devemos supor, entretanto, que alegorias inteiramente perfeitas sejam

História natural da religião

produto da ignorância e da superstição, pois nenhuma obra de engenho requer mão mais hábil ou tem sido mais raramente executada com sucesso. Que o medo e o terror sejam filhos de MARTE é aceitável, mas por que de VÊNUS?* É aceitável também que a harmonia seja filha de VÊNUS, mas por que de MARTE?** Que o sono seja o irmão da morte é certo, mas por que apresentá-lo como enamorado de uma das Graças?*** E dado que os antigos mitólogos incorrem em erros tão grosseiros e evidentes, não há certamente razão nenhuma para esperar deles alegorias tão sofisticadas e transcendentes como as que alguns tentaram extrair de suas fábulas.

É evidente que LUCRÉCIO foi seduzido pelas fortes manifestações da alegoria que podemos observar nas ficções pagãs. Ele se dirige inicialmente a VÊNUS, como se dirigiria à potência mãe que anima, renova e embeleza o universo, mas a mitologia o trai logo e o leva a incoerências, quando ele suplica a esse personagem alegórico para apaziguar as fúrias de MARTE, seu amante; essa última ideia não é tirada da alegoria, mas da religião popular, e LUCRÉCIO, como um EPICURISTA, não podia admiti-la sem incoerência.[24]

As divindades do vulgo são tão pouco superiores às criaturas humanas que, quando os homens experimentam um forte sentimento de veneração ou de gratidão em relação a algum herói ou benfeitor público, nada parece mais natural que convertê-lo em um deus e povoar o céu com contínuos recrutamentos entre os homens. Admite-se que as divindades do

---

* Hesiod. *Theog.* l. 935 [Hesíodo,*Teogonia*, l, 935].

** Hesiod. e Plut. *in vita Pelop.* 19 [Hesíodo, *Teogonia*, 2, 936-7, e Plutarco, *Vidas paralelas*, "Vida de Pelópidas", cap.19].

*** *Iliad.* xiv. 267 [Homero, *Ilíada*, livro XIV, II, 263-7].

mundo antigo, na maior parte, foram outrora homens, e que sua *divinização* deveu-se à admiração e ao afeto do povo. A história real de suas aventuras, corrompida pela tradição e elevada ao plano do maravilhoso, tornou-se uma fonte fecunda de fábulas, sobretudo ao serem transmitidas por meio das mãos de poetas, de autores de alegorias e de sacerdotes, que, uns após outros, tiraram proveito do espanto e da perplexidade das massas ignorantes.

Os pintores e os escultores também tiraram sua parte de proveito dos mistérios sagrados e, ao dar aos homens representações sensíveis de suas divindades, que eles revestiam de formas humanas, deram grande impulso à devoção pública e determinaram seu objeto. Foi por causa da falta de tais artes, provavelmente, que, em épocas incultas e selvagens, os homens divinizaram as plantas, os animais e até mesmo a matéria bruta e inorgânica, e que, em vez de abrir mão de um objeto sensível de adoração, divinizaram formas tão canhestras. Se em épocas primitivas um escultor SÍRIO tivesse sido capaz de fazer uma representação exata de APOLO, a pedra cônica, HELIOGÁBALO[25] nunca teria chegado a ser objeto de uma admiração tão profunda, nem teria sido aceito como uma representação do deus solar.*

---

* Herodian. lib. v. 3, 10 [Herodiano, *História do Império*, livro V, cap.3, seções 3-5]. Júpiter Ammon é representado por Quinto Cúrcio como uma divindade da mesma ordem, lib. iv. cap.7 [*História de Alexandre*, livro IV, cap.7, sec.23]. Os árabes e os persas adoravam também pedras disformes como suas divindades. Arnob. lib. vi. 496 [Arnóbio, *Sete livros contra os pagãos*, livro VI, cap.11]. De tal modo, sua loucura ultrapassava a dos egípcios.

A assembleia de AREOPAGUS baniu STÍLPON por afirmar que a Minerva que estava na cidadela não era uma divindade, mas uma obra do escultor FÍDIAS.* Que grau de razão devemos esperar da crença religiosa do vulgo nas outras nações, quando os ATENIENSES e os AREOPAGITAS[26] nutriam concepções tão grosseiras?

Esses são, pois, os princípios gerais do politeísmo, fundamentados na natureza humana e que não dependem em nada – ou em quase nada – do capricho ou do acaso. Como as *causas* que provocam felicidade ou desgraça são, em geral, muito pouco conhecidas e bastante incertas, nossos ansiosos esforços tentam alcançar delas uma ideia determinada, e não encontram melhor meio do que representá-las como agentes dotados de inteligência e de vontade semelhantes às nossas, salvo pelo seu poder e sabedoria um pouco superiores. A influência limitada desses agentes, e sua fraqueza muito próxima da fraqueza humana, introduz várias repartições e divisões de sua autoridade, e, desse modo, dá nascimento à alegoria. Os mesmos princípios divinizam, como é natural, aqueles mortais que são superiores em força, coragem ou sabedoria, e originam a veneração dos heróis, com as fabulosas histórias e as tradições mitológicas, em todas as suas formas caóticas e extravagantes. E como uma inteligência espiritual e invisível é um objeto muito sutil para a compreensão comum, os homens naturalmente a vinculam a certas representações sensíveis, bem como a partes mais visíveis da natureza ou a estátuas, imagens e pinturas que uma época mais refinada forja de suas divindades.

---

* Diod. Laert. lib. ii. 116 [Diógenes Laércio, *Vidas e doutrinas dos filósofos ilustres*, livro II, cap.11, "Stílpon", parágrafo 116].

David Hume

Quase todos os idólatras de todas as épocas e lugares concordam com esses princípios e concepções gerais, inclusive que as características e os poderes particulares que eles atribuem às suas divindades não são muito diferentes entre si.* Os viajantes e conquistadores GREGOS e ROMANOS reconheciam em todos os lugares, sem grande dificuldade, suas próprias divindades, e diziam: este é MERCÚRIO; aquela é VÊNUS; este, MARTE; e aquele, NETUNO, quaisquer que fossem os nomes com os quais se designassem os deuses estrangeiros. A deusa HERTA dos nossos antepassados SAXÕES não parece ter sido distinta, de acordo com TÁCITO,** da *Mater Tellus*[27] do ROMANOS, e sua hipótese era evidentemente correta.

---

* Ver César, Sobre a religião dos gauleses, *De bello Gallico*, lib. vi. 17 [*Guerra da Gália*, livro VI, parágrafos 16-17].

** *De Moribus Germ.* 40 [Tácito, *Germânica*, cap.40].

Seção 6
A origem do monoteísmo com base no politeísmo

A doutrina de um deus supremo e único, autor da natureza, é muito antiga e propagou-se entre nações importantes e populosas, onde homens de todas as classes e de todas as posições sociais a abraçaram. Mas aquele que pensar que seu êxito se deve à força predominante das razões invencíveis, sobre as quais ela é indubitavelmente fundada, mostra-se pouco familiarizado com a ignorância e a estupidez das pessoas e seus incuráveis preconceitos a favor de suas superstições particulares. Ainda hoje, e na EUROPA, se perguntássemos a um homem do povo por que ele crê em um criador do mundo onipotente, ele jamais mencionaria a beleza das causas finais, que ele ignora totalmente; também não estenderia a mão para nos convidar a contemplar a flexibilidade e a variedade das articulações de seus dedos, da curvatura uniforme de todos eles, do equilíbrio que mantém com o polegar, das partes delicadas e carnosas da palma e de todas as outras circunstâncias que tornam tal membro apto para a função para a qual foi destinado. Ele está acostumado a todas essas coisas há muito tempo e as olha com despreocupação e indiferença. Falará da morte repentina e inesperada de alguém, da queda e contusão de um outro, da seca extrema de uma tal estação ou do frio e das chuvas de uma outra. Atribui tudo isso à intervenção imediata da providência, e esses mesmos eventos que, para um bom entendedor, constituem os principais obstáculos ao reconhecimento de uma inteligência suprema, são para ele os únicos argumentos a favor dela.

Muitos monoteístas, inclusive os mais entusiastas e sofisticados, têm negado a existência de uma providência *particular* e afirmado que o espírito soberano, ou o primeiro princípio de todas as coisas — após ter fixado as leis gerais que governam a natureza —, deixou essas leis seguirem, sem interrupção, seu livre curso, e não modifica a cada instante, por atos particulares, a ordem estabelecida dos acontecimentos. É, dizem eles, da bela harmonia e do estrito cumprimento das regras estabelecidas que extraímos o principal argumento a favor do monoteísmo, e são esses mesmos princípios que nos tornam capacitados a responder às principais objeções que nos são endereçadas. Mas a maioria dos homens compreende tão pouco esses argumentos que, em toda parte onde os monoteístas veem alguém que atribua todos os acontecimentos a causas naturais e rejeite a intervenção particular de um deus, se inclinam a desconfiar que esse sujeito sustenta a mais grosseira infidelidade. "Pouca filosofia", diz lorde BACON, "torna os homens ateus; muita, reconcilia-os com a religião". Pois o homem, tendo aprendido através de preconceitos supersticiosos a dar importância a algo falso, quando isso lhe falta e ele descobre, ao refletir um pouco, que o curso da na-

História natural da religião

tureza é regular e uniforme, toda sua fé cambaleia e desmorona. Mas quando chega a aprender, por meio de uma reflexão mais profunda, que precisamente tal regularidade e uniformidade constitui a prova mais clara da existência de um desígnio e de uma inteligência suprema, volta àquela crença que tinha abandonado e pode, agora, estabelecê-la sobre fundamentos mais firmes e duráveis.

As convulsões da natureza, as catástrofes, os prodígios e os milagres, embora em grande medida refutem a ideia de um plano elaborado por um sábio diretor, imprimem nos homens os mais fortes sentimentos religiosos, pois as causas dos acontecimentos parecem, então, as mais obscuras e inexplicáveis. A loucura, a fúria, a ira e uma imaginação inflamada, mesmo que rebaixem o homem quase ao nível dos animais, são, pela mesma razão, frequentemente consideradas as únicas disposições por meio das quais podemos nos comunicar imediatamente com a divindade.

Podemos concluir, portanto, em geral, que se naqueles povos que abraçaram a doutrina do monoteísmo essa doutrina é ainda construída sobre princípios irracionais e supersticiosos, o vulgo nunca é levado a essa opinião por meio de argumentos, mas por uma certa cadeia de ideias mais adequada ao seu gênio e à sua capacidade.

Pode facilmente ocorrer que, em uma nação idólatra, embora os homens admitam a existência de várias divindades limitadas, eles venerem e adorem, não obstante, um certo deus de modo particular. Os homens podem supor, em virtude da divisão dos poderes e dos territórios entre os deuses, que sua nação foi submetida à jurisdição dessa divindade particular, ou, reduzindo os objetos celestes aos moldes das coisas terrenas, podem representar um dos deuses como o príncipe ou o magistrado supremo que, apesar de ser da mesma natureza, governa os demais com a mesma autoridade que um monarca terreno exerce seu poder sobre seus súditos e vassalos. Caso esse deus seja então considerado um protetor particular ou o soberano de todo o céu, seus devotos tentarão por todos os meios obter seus favores; e por imaginarem que, como eles, ele ama o louvor e as lisonjas, não pouparão nenhum elogio ou exagero em suas súplicas. À medida que o temor e a miséria dos homens se fazem sentir mais, estes inventam, todavia, novas formas de adulação; e mesmo aquele que ultrapassa seu predecessor na arte de aumentar as glórias de sua divindade está certo que será superado por seu sucessor com novos e mais pomposos epítetos de louvor. Assim procedem até que chegam ao próprio infinito, além do qual não se pode mais ir; e tudo estaria bem se em suas tentativas para ir mais longe e representar uma simplicidade magnífica os homens não chegassem a um mistério inexplicável e não destruíssem a natureza inteligente de sua divindade, única base sobre a qual pode fundar-se um culto ou uma adoração racional. Enquanto os homens se limitam à noção de um ser perfeito, criador do mundo, estão de acordo, por acaso, com os princípios da razão e da verdadeira filosofia, ainda que sejam levados a essa noção não pela razão, da qual são em grande medida incapazes, mas pela adulação e pelo temor das mais vulgares superstições.

Vemos frequentemente nas nações bárbaras, e às vezes também nas civilizadas, que quando se esgotam todas as formas de elogio, quando todas as qualidades humanas foram exaltadas ao máximo, os cortesãos servis terminam por representar seus príncipes tirânicos como verdadeiros deuses,

História natural da religião

mostrando-os para o povo como objetos de adoração. Dessa forma, é bastante natural que um deus limitado, inicialmente concebido somente como autor imediato dos bens e males particulares da vida, termine por ser finalmente representado como soberano criador e modificador do universo!

Ainda que a noção de uma divindade suprema se encontre firmemente estabelecida, e mesmo que devesse naturalmente diminuir todos os demais cultos e rebaixar todos os outros objetos de veneração, se uma nação conservou a opinião de uma divindade tutelar subordinada, de um santo ou de um anjo, deixa-se dominar pouco a pouco pelas súplicas que endereça a esses seres, e estes usurpam a adoração devida à divindade suprema. Antes de ser rejeitada pela Reforma, a Virgem Maria passou, do simples estado de uma santa mulher, a usurpar muitos atributos do Todo-Poderoso. Os MOSCOVITAS colocam no mesmo plano, em todas as orações e súplicas, Deus e SÃO NICOLAU.

Encontramos assim um deus que, por amor, se converteu em touro para raptar EUROPA, e que, por ambição, destronou seu pai SATURNO e chegou a ser o ÓTIMO MÁXIMO dos pagãos.[28] Do mesmo modo, o Deus de ABRAÃO, ISAAC e JACÓ tornou-se o Deus supremo, o JEOVÁ dos JUDEUS.

Os JACOBINOS,[29, 30] que negaram a Imaculada Conceição, nunca tiveram sucesso com sua doutrina, ainda que razões políticas impedissem que a Igreja ROMANA os condenasse. Os FRANCISCANOS[31] arrebataram toda a sua popularidade. Mas no século XV, como sabemos por meio de BOULAINVILLIERS,*

---

* *Histoire abregee*, p.499 [Compte Henri de Boulainvilliers, *Abrege Chronologique de l'histoire de France / Breviário cronológico da história da França*, 499].

um franciscano ITALIANO sustentou que, durante os três dias em que CRISTO esteve sepultado, a união hipostática se dissolveu e que, por sua natureza humana, não foi um objeto digno de ser adorado durante esse período. Sem recorrer à arte da adivinhação, poder-se-ia predizer que uma blasfêmia tão grosseira e ímpia não deixaria de ser anatemizada pelo povo. Os JACOBINOS aproveitaram essa ocasião para proferir graves insultos e obtiveram assim alguma compensação em troca de seus infortúnios na guerra contra a Imaculada Conceição.

Em vez de combater essa inclinação para a adulação, os religiosos, em todas as épocas, envolveram-se nos maiores absurdos e contradições.

Em uma passagem HOMERO chama OCEANO e TÉTIS, de acordo com a mitologia e a tradição estabelecidas dos GREGOS, de primeiros pais de todas as coisas. Entretanto, em outras passagens, ele não poderia deixar de saudar JÚPITER, a divindade reinante, com esse título magnífico – e de nomeá-lo, de acordo com isso, o pai dos deuses e dos homens. Ele esquece que cada templo, cada rua, estava cheia de antepassados, tios, irmãos e irmãs desse JÚPITER, que na realidade não passava de um parricida e um usurpador arrogante. Semelhante contradição é observável em HESÍODO, algo muito menos desculpável, uma vez que sua intenção declarada era fazer uma verdadeira genealogia dos deuses.

Suponhamos que houvesse uma religião (e podemos levantar suspeitas contra a religião maometana por conta dessa incoerência) que às vezes representasse a divindade com as cores mais sublimes, como a criadora do céu e da terra, e que às vezes[32] a rebaixasse quase ao nível das criaturas humanas

História natural da religião

em seus poderes e faculdades, enquanto ao mesmo tempo lhe atribuísse certas enfermidades, paixões e inclinações morais. Tal religião, após seu desaparecimento, também seria citada como um exemplo dessas contradições que nascem das concepções grosseiras, vulgares e naturais dos homens, as quais se opõem à sua perpétua inclinação para a adulação e para o exagero. Nada, entretanto, poderia provar mais fortemente a origem divina de uma religião do que descobrir (e felizmente esse é o caso do cristianismo) que ela escapa a uma contradição tão inerente à natureza humana.

Seção 7
Confirmação da doutrina de que o monoteísmo deriva do politeísmo

Embora em suas primitivas noções o vulgo represente a divindade como um ser limitado e a considere simplesmente a causa particular da saúde e da doença, da abundância e da necessidade, da prosperidade ou da adversidade, parece certo, contudo, que ele acredita ser perigoso recusar seu assentimento quando ideias mais esplêndidas lhe são apresentadas. Diria ele que sua divindade é finita e limitada em suas perfeições? Que ela pode ser superada por uma força maior? Que ela está sujeita às paixões, às dores e às enfermidades humanas? Que ela tem um começo e pode ter um fim? Isso ele não ousa afirmar, mas, pensando que é mais seguro aquiescer aos mais altos louvores, ele procura, por um arrebatamento e devoção fingidos, conquistar sua amizade. Como uma confirmação disso podemos observar que o assentimento do vulgo é, nesse caso, puramente verbal, e que é incapaz de conceber aquelas qualidades sublimes que ele aparentemente atribui à divindade. A verdadeira ideia que faz dela, apesar de sua linguagem pomposa, é todavia mais pobre e mais frívola do que nunca.

A inteligência original, dizem os MAGOS,[33] e que é o primeiro princípio de todas as coisas, revela-se *imediatamente* ao espírito e ao entendimento apenas, mas ela colocou o sol como sua imagem no universo visível, e quando esse astro brilhante propaga seus raios sobre a terra e sobre o firmamento, é uma cópia pálida da glória que reside nas esferas superiores. Se você não quiser incorrer no desprazer desse ser divino, deverá prestar atenção para nunca colocar seus pés nus sobre o solo, nem cuspir no fogo, nem jogar água sobre ele, mesmo que ele esteja consumindo uma cidade inteira.* "Quem pode exprimir as perfeições do Todo-Poderoso?", perguntam os maometanos. Mesmo as mais nobres de suas obras, se comparadas com ele, não passam de lixo e poeira. Bem maior ainda é a distância entre a compreensão humana e suas perfeições infinitas! Seu sorriso e seus favores tornam os homens felizes para sempre; e para obtê-los para vossos filhos, o melhor método é cortar-lhes, quando crianças, um pequeno pedaço de pele, do tamanho de um quarto de moeda. Pegue dois pedaços de pano,** dizem os católicos romanos, de aproximadamente uma polegada ou uma polegada e meia de comprimento, junte-os pelas pontas com dois fios ou pedaços de fita de dezesseis polegadas de comprimento, passe esta sobre sua cabeça e faça um dos pedaços do pano ficar sobre seu peito, e o outro, sobre suas costas; mantenha-os em

---

* Hyde, *de Relig. veterum Persarum* [Thomas Hyde, *Historia religionis veterum Persarum / História das religiões persas antigas*, Oxford, 1700].

** Chamado escapulário.

História natural da religião

contato com a sua pele. Não há melhor segredo para recomendar-se ao ser infinito, que existe desde toda a eternidade.

Os GETES, comumente chamados de imortais por causa de sua firme crença na imortalidade da alma, eram monoteístas e unitaristas puros. Eles afirmavam que ZAMOLXIS, sua divindade, era o único deus verdadeiro; e sustentavam que o culto de todas as demais nações era endereçado a meras ficções ou quimeras. Mas seus princípios religiosos eram mais refinados em virtude dessas magníficas pretensões? A cada cinco anos eles sacrificavam uma vítima humana, que enviavam à sua divindade como se fosse um mensageiro, a fim de informá-la sobre seus desejos e necessidades. E quando trovejava eles ficavam tão irritados com ela que, para responder ao desafio, lançavam-lhes flechas e não recusavam o combate como desigual. Isso, pelo menos, é o que HERÓDOTO nos relata sobre o monoteísmo dos imortais GETES.*

---

* Lib. iv. 94 [Heródoto, *História*, livro IV, cap.94].

Seção 8
Fluxo e refluxo do politeísmo e do monoteísmo

Deve-se assinalar que os princípios religiosos sofrem uma espécie de fluxo e refluxo no espírito humano, e que os homens têm uma tendência natural de elevar-se da idolatria para o monoteísmo, e recair de novo do monoteísmo para a idolatria. O vulgo, ou seja, na verdade todos os homens exceto uns poucos, por falta de conhecimento e de instrução, nunca levantam os olhos para o céu, nem investigam a estrutura oculta dos vegetais e dos corpos dos animais, a ponto de chegar a descobrir um espírito supremo ou uma providência originária que conferiu ordem a todas as partes da natureza. Eles observam essa obra admirável de um ponto de vista mais limitado e egoísta, e, descobrindo que sua própria felicidade e desgraça dependem de influências secretas e do concurso imprevisto dos objetos exteriores, examinam com atenção perpétua as *causas desconhecidas*, que, por meio de sua poderosa mas silenciosa operação, governam todos os fenômenos naturais e distribuem o prazer e a dor, o bem e o mal. Essas causas desconhecidas também são invocadas em todos os momentos difíceis; e essas formas gerais e imagens confusas constituem o objeto eterno de nossas esperanças e temores, de nossos desejos e apreensões. Pouco a pouco, a imaginação ativa dos homens, incomodada por essa concepção abstrata dos objetos, dos quais constantemente se ocupa, começa a torná-los mais precisos e a revesti-los com formas mais adequadas a sua compreensão natural. Ela os representa, então, como seres sensíveis e inteligentes, semelhantes aos homens, movidos pelo amor e pelo ódio, suscetíveis às oferendas e às súplicas, às pregações e aos sacrifícios. Eis aqui a origem da religião e, consequentemente, da idolatria ou do politeísmo.

Mas os mesmos anseios pela felicidade que geram a ideia dessas forças invisíveis e inteligentes não permitem aos homens que durante muito tempo sigam concebendo-as da mesma maneira simplista com que faziam no começo, como seres poderosos mas limitados, donos da sorte humana, porém escravos do destino e do curso da natureza. Os louvores e os elogios exagerados dos homens exaltam ainda mais a ideia que têm deles e, elevando suas divindades aos mais altos níveis de perfeição, engendram enfim os atributos de unidade e infinitude, de simplicidade e espiritualidade. Esses conceitos sutis, que ultrapassam o alcance da compreensão comum, não conservam por muito tempo sua pureza original, mas precisam ser apoiados pela noção de intermediários inferiores ou de agentes subordinados que se interpõem entre os homens e a divindade suprema. Esses semideuses ou seres intermediários, como participam mais da natureza humana e nos são mais familiares, convertem-se no principal objeto de devoção e, pouco a pouco, reintroduzem a idolatria que havia

História natural da religião

sido antes desterrada pelas ardentes pregações e panegíricos dos temerosos e míseros mortais. Mas como essas religiões idólatras caem continuamente nos erros mais grosseiros e nas concepções mais vulgares, destroem-se finalmente a si mesmas e, graças às toscas representações que forjam de seus deuses, levam a corrente a mudar novamente em direção ao monoteísmo. Mas, nessa sucessiva revolução dos sentimentos humanos, é tão forte a tendência para voltar à idolatria que a máxima precaução não é capaz de preveni-la eficazmente. Os JUDEUS e MAOMETANOS, sobretudo entre outros monoteístas, têm sido sensíveis a essa dificuldade, como se vê pelo fato de proibirem todas as artes escultóricas e pictóricas, não permitindo nem sequer que fossem feitas reproduções de figuras humanas em mármore ou em cores, por temerem que a fraqueza comum dos homens derivasse daí a idolatria. Por causa da debilidade de seu fraco entendimento, os homens não podem contentar-se em conceber sua divindade sob a forma de um puro espírito ou de uma inteligência perfeita, no entanto, seu terror natural os impede de atribuir-lhe a menor sombra de limitação ou de imperfeição. Os homens flutuam entre esses sentimentos opostos. Não obstante, sua própria fraqueza os arrasta para mais baixo: de uma divindade onipotente e espiritual para uma divindade corpórea e limitada; de uma divindade corpórea e limitada para uma estátua ou representação visível. O mesmo esforço de elevação para o sublime os impele novamente para o alto: de uma estátua ou de uma imagem material para um poder invisível; de um poder invisível para um deus infinitamente perfeito, criador e soberano do universo.

Seção 9
Comparação entre
o politeísmo e o monoteísmo
quanto à perseguição e à tolerância

O politeísmo ou os cultos idólatras, que repousam inteiramente em tradições vulgares, têm por inconveniente poder autorizar qualquer prática ou opinião, por mais bárbara ou corrompida que seja, e deixar uma ampla margem para que a velhacaria se imponha à credulidade, até fazer a moral e o sentimento de humanidade desaparecerem dos sistemas religiosos dos homens. Ao mesmo tempo, a idolatria possui a evidente vantagem de limitar os poderes e funções de suas divindades, admitir naturalmente os deuses de outras seitas e nações como partícipes da divindade e permitir a associação das diversas divindades entre si, bem como dos ritos, das cerimônias e das tradições.* O monoteísmo é totalmente o oposto, tanto em suas vantagens como em suas desvantagens. Como esse siste-

---

* Verrius Flaccus, citado por Plínio, lib. xxviii. cap.2 [Plínio, *História natural*, livro XXVIII, cap.2, parágrafos 18-19], afirmou que os romanos, antes de sitiarem qualquer cidade, tinham o hábito de invocar a divindade protetora do lugar e suborná-la, prometendo maiores

ma supõe que existe uma única divindade, que é a perfeição da razão e da bondade, ele deve, se corretamente seguido, banir dos cultos religiosos tudo o que há de frívolo, irrazoável e desumano, e dar aos homens os mais belos exemplos, bem como propor os motivos mais imperiosos de justiça e de benevolência. Essas poderosas vantagens não são, na verdade, anuladas (pois isso não seria possível), mas sim um tanto diminuídas pelos inconvenientes que nascem dos vícios e dos preconceitos dos homens. Quando se admite um único objeto de devoção, a adoração de outras divindades é considerada absurda e ímpia. Mais ainda: essa unidade de objeto parece exigir naturalmente a unidade de fé e de cerimônias, e proporciona aos homens astuciosos um falso pretexto, que lhes permite retratar seus adversários como ímpios e como objetos da vingança divina, assim como da humana. Pois como cada seita está convencida de que sua própria fé e seu próprio culto são totalmente agradáveis à divindade, e como ninguém pode conceber que o mesmo ser deva comprazer-se com ritos e preceitos diferentes e opostos, as diversas seitas acabam naturalmente em animosidade e descarregam umas contra as outras aquele zelo e rancor sagrados, que constituem as mais furiosas e implacáveis de todas as paixões humanas.

_____

honras do que as que ela então desfrutava, a fim de trair seus velhos amigos e adeptos. O nome da divindade protetora de Roma era por essa razão mantido sob o máximo sigilo religioso, para que os inimigos da república não pudessem, do mesmo modo, atrair para si seus serviços, pois eles pensavam que sem o conhecimento do seu nome, nada disso poderia ser praticado. Plínio diz que a fórmula comum de invocação foi conservada até sua época, no ritual dos papas. E Macróbio transmitiu uma cópia da fórmula extraída dos segredos de Samônico Sereno.

O espírito de tolerância dos idólatras, tanto nos tempos antigos como nos modernos, revela-se de maneira bastante evidente a qualquer um que tiver a menor familiaridade com os escritos dos historiadores e dos viajantes. Quando se perguntava ao oráculo de DELFOS quais ritos ou cultos eram mais convenientes aos deuses, o oráculo* respondia que eram aqueles legalmente estabelecidos em cada cidade. Até os sacerdotes, parece, admitiam, nos tempos antigos, a salvação daqueles que sustentavam uma crença diferente.

Os ROMANOS adotavam comumente os deuses dos povos conquistados e nunca discutiam sobre os atributos das divindades locais e nacionais nos territórios que eles ocupavam. As guerras e perseguições religiosas dos idólatras EGÍPCIOS constituem, na verdade, uma exceção a essa regra, mas são explicadas pelos autores antigos a partir de razões singulares e notáveis. Diversas espécies de animais formavam as divindades das diferentes seitas entre os EGÍPCIOS, e essas divindades, estando em guerra contínua, envolviam seus adeptos na mesma controvérsia. Os adoradores de cães não podiam permanecer muito tempo em paz com os adoradores de gatos ou de lobos.** Mas onde essa razão não entrava em jogo, a superstição EGÍPCIA não se mostrava tão incompatível como comumente se imagina, pois sabemos, por meio de HERÓDOTO,*** que AMASIS contribuiu muito para reconstruir o templo de DELFOS.

---

* Xenoph. *Memor.* lib. i. 3, 1 [Xenofonte, *Ditos e feitos memoráveis de Sócrates*, livro I, cap.3, parágrafo 1].

** Plutarch. de *Isid.* & *Osiride.* c.72 [Plutarco, *Opúsculos morais*, livro V, "Ísis e Osíris", cap.72].

*** Lib. ii. 180 [Heródoto, *História*, livro II, cap.180].

A intolerância de quase todas as religiões que têm mantido a unidade de Deus é tão notável quanto o princípio contrário dos politeístas. O espírito estreito e implacável dos JUDEUS é célebre. O MAOMETANISMO exibe princípios ainda mais sangrentos e, mesmo atualmente, condena todas as outras seitas a penas eternas, embora não ao fogo e ao ferro. E se entre os CRISTÃOS, os INGLESES e os HOLANDESES abraçaram os princípios da tolerância, essa singularidade teve por origem a firme determinação dos magistrados civis, que se opuseram aos esforços contínuos dos padres e dos fanáticos.

Os discípulos de ZOROASTRO fechavam as portas do céu a todos os homens, exceto aos MAGOS.* Nada poderia obstruir mais o progresso dos conquistadores PERSAS do que o furioso zelo desse povo contra os templos e as imagens dos GREGOS. E depois da queda desse império vemos ALEXANDRE, que era politeísta, restabelecer imediatamente o culto dos BABILÔNICOS, que seus soberanos anteriores, monoteístas, tinham cuidadosamente abolido.** Mesmo a atração cega e ardente daquele conquistador pela superstição GREGA não o impedia de sacrificar-se de acordo com os ritos e as cerimônias dos BABILÔNICOS.***

O politeísmo é tão sociável que a máxima impetuosidade e antipatia que ele encontra numa religião contrária dificilmente é capaz de causar-lhe aversão e rejeição. AUGUSTO louvou extremamente a reserva de seu neto, CAIO CÉSAR,

---

* Hyde, *de Relig. vet. Persarum* [Thomas de Hyde, *História das religiões persas antigas etc.*].

** Arrian. de Exped, lib. iii. 16. Id. lib. vii. 17 [Arriano, *Da expedição de Alexandre*, livro III, cap.16, sec.3-9 e livro VII, cap.17].

*** *Id. Ibid.* [livro III, cap.16, sec.5].

História natural da religião

quando este último príncipe, passando por JERUSALÉM, não aceitou fazer sacrifícios de acordo com a lei dos JUDEUS. Mas por qual razão AUGUSTO aprovou tanto essa conduta? Somente porque os PAGÃOS consideravam aquela religião ignóbil e bárbara.*

Ouso afirmar que poucas corrupções da idolatria e do politeísmo são mais perniciosas para a sociedade do que essa corrupção do monoteísmo,** quando chega à sua máxima expressão. Os sacrifícios humanos dos CARTAGINESES, dos MEXICANOS e de muitas nações bárbaras*** raramente superaram a Inquisição e as perseguições de ROMA e de MADRI. Pois além do fato de o derramamento de sangue não ser tão grande no primeiro caso quanto no último, creio que, quando as vítimas humanas são escolhidas ao acaso ou por certos sinais exteriores, não se afeta o resto da sociedade de uma maneira tão considerável, ao passo que a virtude, o saber e o

---

* Sueton. *in vita Aug.* c.93 [Suetônio, *Os doze Césares*, livro II, "A sagração de Augusto", cap.93].

** *Corruptio optimi pessima* (a corrupção das melhores coisas engendra as piores).

*** A maioria das nações se tornou culpada por cometer sacrifícios humanos, embora, talvez, essa superstição ímpia nunca tenha se imposto em uma nação civilizada, com exceção dos cartagineses. Já os tírios a aboliram rapidamente. Um sacrifício é concebido como um presente, e a oferenda à divindade consiste em destruir esse presente e torná-lo inútil aos homens. Queima-se o que é sólido, derrama-se o que é líquido e mata-se o que é vivo. Visto que, na falta de um meio mais adequado de servir a Deus, nós mesmos cometemos uma injustiça e imaginamos que com isso expressamos pelo menos a sinceridade de nossa boa vontade e de nossa adoração. Assim, nossa devoção mercenária engana a nós mesmos, e imaginamos que ela engane a divindade.

amor à liberdade são as qualidades que invocam a vingança fatal dos inquisidores,[34] e que, uma vez banidas, deixam a sociedade na ignorância, na corrupção e na submissão mais vergonhosas. O assassinato ilegítimo de um homem por um tirano é mais pernicioso que a morte de mil pela peste, pela fome ou por qualquer outra calamidade.

Aquele que no templo de DIANA, situado em ARÍCIA, perto de ROMA, assassinava o sacerdote em exercício, tinha legalmente o direito de ser empossado como seu sucessor.* Uma instituição muito singular, essa! Pois, por mais bárbaras e sangrentas que sejam as superstições ordinárias para os leigos, estes, em geral, se voltam para as vantagens da ordem sagrada.

---

* Strabo, lib. v. Sueton. *in vita Cal.* 35 [Estrabão, *Geografia,* livro V, cap.3, sec.12; Suetônio, *Os doze Césares,* livro IV, "Caio Calígula", cap.35, sec.3].

Seção 10
Comparação entre
o politeísmo e o monoteísmo
quanto à coragem e à humilhação

A comparação entre o monoteísmo e a idolatria nos permite fazer outras observações que também confirmarão a observação comum de que a corrupção das melhores coisas engendra as piores.

A crença em um deus representado como infinitamente superior aos homens, ainda que seja completamente justa, é suscetível, quando acompanhada de terrores supersticiosos, de afundar o espírito humano na submissão e na humilhação mais vil, e de representar as virtudes monásticas[35] da mortificação, da penitência, da humildade e do sofrimento passivo como as únicas qualidades que são agradáveis a deus. Mas quando concebemos os deuses como seres só um pouco superiores aos homens, e tendo visto que muitos deles se elevaram dessa classe inferior, sentimo-nos mais tranquilos em nosso trato com eles e até podemos, às vezes, sem impiedade, aspirar a competir com os deuses e imitá-los. Originam-se assim a atividade, a vitalidade, a coragem, a magnanimidade, o amor à liberdade e todas as virtudes que engrandecem um povo.

Os heróis no paganismo correspondem exatamente aos santos no catolicismo romano e aos santos dervixes[36] na religião MAOMETANA. O lugar de HÉRCULES, TESEU, HEITOR e RÔMULO está agora ocupado por SÃO DOMINGOS, SÃO FRANCISCO, SANTO ANTÔNIO e SÃO BENEDITO. Em vez da destruição dos monstros, da luta contra os tiranos e da defesa da pátria, flagelos e jejuns, covardia e humildade, submissão abjeta e obediência servil tornaram-se, entre os homens, os meios para obter as honras celestiais.

As expedições militares do piedoso ALEXANDRE foram em grande medida motivadas por sua rivalidade com HÉRCULES e BACO, que ele pretendia justamente ter superado.* BRASIDAS, o generoso e nobre ESPARTANO, após sua morte em plena batalha, recebeu honras heroicas dos habitantes de ANFÍPOLIS, cuja defesa ele tinha abraçado.** E em geral, todos os fundadores de estados e colônias foram elevados, entre os GREGOS, a essa classe de divindades inferiores por aqueles que colhiam os frutos de seus trabalhos.

Esses fatos levaram MAQUIAVEL*** a observar que as doutrinas da religião CRISTÃ (ou seja, da católica, pois ele não conhecia nenhuma outra), que recomendam apenas a coragem e o sofrimento passivo, subjugaram o espírito dos homens e o submeteram à escravidão e ao servilismo. Observa-

---

* Arrian., *passim* [Arriano, *Da expedição de Alexandre*, livro IV, cap. 10].

** Thucyd. lib. v. 11 [Tucídedes, *História da guerra do Peloponeso*, livro V, cap. 11].

*** *Discorsi.* lib. vi [Maquiavel, *Discursos*, livro II, cap. VI].

História natural da religião

ção que seria certamente justa, se não houvesse na sociedade humana muitas outras circunstâncias que determinam o gênio e o caráter de uma religião. BRASIDAS pegou um rato e, como este o mordeu, deixou-o fugir. "Nada existe de mais desprezível", disse ele, "do que aquele que poderia assegurar sua salvação, se apenas tivesse a coragem de se defender".* BELARMINO, paciente e humildemente, deixava as pulgas e outros insetos repugnantes grudarem nele. "Ganharemos o céu", dizia, "como recompensa por nossos sofrimentos, mas estas pobres criaturas não têm mais que os prazeres da vida presente".** Essa é a diferença que existe entre as máximas de um herói GREGO e as de um santo CATÓLICO.

---

* Plut. *Apopth* [Plutarco, *Opúsculos morais*, "Ditos dos reis e dos generais", Brasidas, parágrafo 190b].

** Bayle, Article *BELLARMINE* [Pierre Bayle, *Dictionnaire Historique et Critique* (*Dicionário histórico e crítico*), verbete "Belarmino"].

Seção 11
Comparação entre
o politeísmo e o monoteísmo
quanto à razão ou ao absurdo

Eis aqui outra observação com o mesmo objetivo, e uma nova prova de que a corrupção das melhores coisas engendra as piores. Se examinarmos sem preconceitos a antiga mitologia pagã tal como a encontramos nos poetas, não descobriremos nela absurdos tão monstruosos quanto podemos a princípio ser capazes de recear. Onde está a dificuldade em conceber que os mesmos poderes ou princípios, quaisquer que sejam eles, que formaram este mundo visível, os homens e os animais, produziram também uma espécie de criaturas inteligentes, de uma substância mais refinada e dotada de maior autoridade do que o resto? Concebe-se facilmente que essas criaturas podem ser caprichosas, vingativas, apaixonadas e voluptuosas; e não existe circunstância mais adequada para engendrar tais vícios entre os homens do que a permissão da autoridade absoluta. Em suma, todo o sistema mitológico é tão natural que, na imensa variedade de planetas e mundos contidos neste universo, parece

David Hume

mais provável que seja realmente levado a efeito numa ou noutra parte.

A principal objeção que se pode fazer contra a mitologia quanto ao nosso planeta é que nenhuma razão nem autoridade a tornam certa. A tradição antiga, sustentada pelos sacerdotes e pelos teólogos pagãos, é um fundamento débil e nos transmitiu um número tão grande de versões contraditórias, sustentadas todas elas por uma igual autoridade, que se torna absolutamente impossível escolher uma dentre elas. Por essa razão, uns poucos volumes poderiam conter todos os escritos polêmicos dos sacerdotes pagãos, e toda sua teologia consiste mais em fábulas tradicionais e em práticas supersticiosas do que em argumentos e controvérsias filosóficas.

Mas onde o monoteísmo constitui o princípio fundamental de uma religião popular, essa doutrina é tão adequada à firme razão que a própria filosofia pode ser incorporada a tal sistema teológico. E se os outros dogmas desse sistema estão contidos em um livro sagrado como o Alcorão, ou estabelecidos por uma autoridade visível como a do pontífice ROMANO, os pensadores especulativos os aceitam como algo natural e abraçam, assim, uma teoria que lhes foi inculcada na sua educação primária, e que possui, também, um certo grau de coerência e uniformidade. Mas como é certo que todas essas aparências são enganosas, a filosofia encontrar-se-á logo em estado de inferioridade, sob o jugo que a liga a sua nova aliada. E em vez de regular cada princípio sob seu curso comum, ela é a cada passo desvirtuada, a fim de servir aos propósitos da superstição. Pois, além das inevitáveis incoerências que devem ser superadas e corrigidas, pode-se afirmar com segurança que toda a teologia po-

História natural da religião

pular, sobretudo a escolástica, sente uma espécie de propensão para o absurdo e para a contradição. Se essa teologia não ultrapassasse a razão e o senso comum, suas doutrinas pareceriam demasiado simples e familiares. É preciso inevitavelmente suscitar o assombro, aparentar mistério, procurar as trevas e a obscuridade, bem como fornecer um fundamento para o mérito dos adeptos fiéis que desejam uma oportunidade para subjugar sua razão rebelde por meio da crença nos mais ininteligíveis sofismas.

A história eclesiástica confirma suficientemente tais reflexões. Quando surge uma controvérsia, algumas pessoas sempre pretendem predizer com certeza o resultado. Seja qual for a opinião, dizem elas, é certo que a mais contrária ao simples bom senso prevalecerá, mesmo quando o interesse geral do sistema não exige tal decisão. Embora a acusação de heresia possa, às vezes, ser rebatida pelo adversários, ela sempre incide, no fim, sobre a razão. Aquele que, afirma-se, tem suficiente instrução dessa espécie para conhecer a definição de ARIANO,[37] PELAGIANO,[38] ERASTIANO,[39] SOCINIANO,[40] SABELIANO,[41] EUTIQUIANO,[42] NESTORIANO,[43] MONOTELITA[44] etc., para não mencionar dos PROTESTANTES,[45] cujo destino é ainda incerto, ficará convencido da verdade dessa observação. É assim que um sistema se torna no fim mais absurdo, simplesmente por ser razoável e filosófico no começo.

Opor-se à torrente da religião escolástica mediante máximas tão insignificantes como estas: "que é impossível a mesma coisa ser e não ser; que o todo é maior que a parte; que dois mais três são cinco", é pretender conter o oceano com juncos. Defenderemos a profana razão contra os misté-

David Hume

rios sagrados? Nenhuma punição é suficiente o bastante para nossa impiedade. E os mesmos fogos que foram acesos para os heréticos servirão também para a destruição dos filósofos.

Seção 12
Comparação entre o politeísmo e o monoteísmo quanto à dúvida ou à convicção

Encontramo-nos todos os dias com pessoas tão céticas em relação à história que elas afirmam ser impossível que alguma nação tenha acreditado em princípios tão absurdos quanto os do paganismo GREGO ou EGÍPCIO, e ao mesmo tempo tão dogmáticos quanto a religião, que elas pensam que em nenhuma outra congregação hão de encontrar esses mesmos absurdos. CAMBISES alimentava preconceitos semelhantes e ridicularizou de forma muito impiedosa – e mesmo feriu – ÁPIS, o grande deus dos EGÍPCIOS, que diante de seus sentidos profanos não passava de um grande touro pintado. Mas HERÓDOTO[46] atribui judiciosamente esse acesso da paixão a uma verdadeira loucura ou a uma desordem cerebral. De outro modo, diz o historiador, nunca teria afrontado abertamente um culto estabelecido. A esse respeito, continua ele, cada nação encontra mais satisfação no seu próprio culto e pensa que leva vantagem sobre todas as demais.

David Hume

Deve-se reconhecer que os CATÓLICOS ROMANOS formam uma seita muito sábia, e que nenhuma outra congregação, salvo a da Igreja da INGLATERRA, pode disputar com ela tal título entre todas as Igrejas cristãs. Contudo, AVERRÓIS, o célebre ÁRABE, que sem dúvida tinha ouvido falar das superstições EGÍPCIAS, declara que, de todas as religiões, a mais absurda e insensata é aquela cujos adeptos comem sua divindade depois de tê-la criado.[47]

Creio, na realidade, que em todo o paganismo não há nenhum dogma que se preste mais ao ridículo que o da *presença real*, pois é tão absurdo que escapa a toda refutação. Existem a esse respeito algumas histórias divertidas, ainda que um tanto profanas, que são comumente contadas pelos próprios católicos. Certo dia, diz-se, um sacerdote deu inadvertidamente, em vez do sacramento, uma moeda que havia caído acidentalmente entre as hóstias sagradas. O comungante esperou com paciência durante algum tempo, pensando que ela se dissolveria em sua língua, mas vendo que permanecia inteira, tirou-a da boca. "Espero", gritou ao sacerdote, "que não tenhas cometido um erro. Espero que não me tenhas dado Deus Pai. É tão duro e tão resistente que não há modo de o engolir".

Um célebre general, então a serviço dos MOSCOVITAS, tendo chegado a Paris para recuperar-se de seus ferimentos, trouxe consigo um jovem TURCO, a quem tinha feito prisioneiro. Alguns doutores da SORBONNE (que se mostraram completamente dogmáticos, como os dervixes de CONSTANTINOPLA), apiedando-se dele e pensando que seria uma lástima que o pobre turco fosse condenado por sua ignorância, pediram insistentemente a MUSTAFÁ que se tornasse cristão,

História natural da religião

e lhe prometeram, para encorajá-lo, uma abundante quantidade de bom vinho neste mundo e o paraíso no próximo. Essas tentações eram demasiado fortes para se resistir a elas, e, por essa razão, após ter sido devidamente instruído e catequizado, ele aceitou enfim receber os sacramentos do batismo e a comunhão. O sacerdote, contudo, para fazer todas as coisas de modo seguro e correto, continuou com a instrução, e no dia seguinte começou com a pergunta usual: "Quantos deuses existem?". "Nenhum", respondeu BENEDITO, pois esse era seu novo nome. "Como? Nenhum?", exclamou o sacerdote. "Certamente", disse o honesto prosélito, "o senhor sempre me disse que existe apenas um só Deus, e ontem eu o comi".

Essas são as doutrinas de nossos irmãos católicos. Mas estamos tão acostumados que nunca nos surpreendemos com elas, ainda que no futuro provavelmente se torne difícil convencer certas nações de que um homem, criatura de duas pernas, possa ter abraçado alguma vez tais princípios. E há mil probabilidades contra uma de que essas mesmas nações terão, em suas próprias crenças, qualquer coisa igualmente absurda, à qual darão o mais cego e religioso assentimento.

Hospedei-me certa vez em PARIS no mesmo hotel que um embaixador da TUNÍSIA, que, após ter passado alguns anos em LONDRES, estava retornando para casa por aquele caminho. Observei um dia sua excelência MOURISCA,[48] divertindo-se no alpendre em observar as esplêndidas equipagens que desfilavam, quando aconteceu de passar naquela rua um frade franciscano que nunca tinha visto um TURCO; este, por sua vez, embora acostumado com as vestes dos EUROPEUS, nunca tinha visto a figura grotesca de um frade. E não é possível exprimir a admiração comum que eles inspiraram mutuamente. Se o capelão dessa embaixada tivesse entrado em discussão com os FRANCISCANOS, suas surpresas recíprocas teriam sido da mesma natureza. Do mesmo modo, os homens não param de se olhar, e não há meio nenhum de lhes fazer entrar na cabeça que o turbante de um AFRICANO não é uma moda nem melhor nem pior que a do capuz de um EUROPEU. "É um homem honesto", dizia o príncipe de SALÉ, ao falar de RUYTER. "É uma lástima que ele seja cristão."

Suponhamos que um professor da SORBONNE pergunte a um eclesiástico de SAÍS: "Como podeis adorar alhos e cebolas?". "Se nós os adoramos", responde este último, "pelo menos não os comemos ao mesmo tempo. Mas que estranhos objetos de adoração são os gatos e os macacos!", diz o erudito doutor. "Eles são pelo menos tão bons quanto as relíquias ou os ossos podres dos mártires", responde nosso antagonista, que não é menos sábio. "Não sois louco", insiste o católico, "a ponto de preferir cortar a garganta de alguém em vez de cortar um repolho ou um pepino?" "Sim", responde o pagão, "reconheço, se confessásseis que são ainda mais loucos os que disputam sobre a preferência dentre livros de sofismas, que todos reunidos não valem um repolho ou um pepino".*

---

* É estranho que a religião egípcia, apesar de ser tão absurda, tivesse contudo exibido tão grande semelhança com a religião dos judeus; que os escritores da Antiguidade, mesmo os mais distintos, não foram capazes de observar qualquer diferença entre elas. Pois é muito notável que tanto Tácito quanto Suetônio, quando falam do decreto do senado, sob as ordens de Tibério, pelo qual os prosélitos egípcios e judeus foram banidos de Roma, identificam expressamente essas religiões como uma só, e parece que até o próprio decreto repousava

História natural da religião

Todo observador imparcial (embora, infelizmente, existam poucos observadores imparciais) julgará facilmente que, se para estabelecer um sistema popular bastaria mostrar os absurdos de outros sistemas, todo adepto de qualquer superstição poderia justificar seu apego cego e fanático aos princípios nos quais foi educado. Mas na falta de um conhecimento tão amplo sobre o qual fundar essa confiança (e talvez seja melhor não tê-lo), não falta zelo religioso e fé suficientes entre os homens. DIODORO DE SICÍLIA* oferece a esse respeito um exemplo notável, do qual ele mesmo foi testemunha ocular. No tempo em que o nome ROMANO inspirava o

---

sobre essa suposição. *Actum & de sacris Egyptiis, Jadaicisque pellendis; factumque patrum consultum, ut quatuor millia libertini generis ea superstitione infecta, quis idonea aetas, in insulam Sardiniam veherentur, coercendis illic latrociniis; & si ob gravitatem coeli interissent, vile damnum: Ceteri cederent Italia, nisi certam ante diem profanos ritus exuissent* (Atuaram também com o objetivo de proibir as cerimônias egípcias e judaicas, e um decreto do Senado ordenou que quatro mil libertinos corrompidos por essa superstição e aptos para o serviço fossem transportados para a Sardenha, para assim reprimir a pilhagem, e se lá eles morressem por causa da insalubridade do clima, pouco importava! Os outros deviam deixar a Itália, a não ser que num prazo determinado renunciassem a seu culto ímpio.) TACIT. *Ann.* lib. ii. c.85 [Tácito, *Anais*, livro II, cap.85]. *Externas caeremonias, Egyptios, Judaicosque ritus compescuit; coactis qui superstitione ea tenebantur, religiosas vestes cum instruento omni comburere, &c.* (Ele proibiu as cerimônias religiosas estrangeiras e os cultos dos egípcios e dos judeus, e obrigou os adeptos dessa superstição a queimar todas as vestes e todos os objetos sagrados.) Sueton. *Tiber.* c.36 [Suetônio, *Os doze Césares*, livro III, "Tibério", cap.36]. Esses dois sábios pagãos, tendo observado alguma coisa idêntica no comportamento, no gênio e no espírito geral dessas duas religiões, julgaram as diferenças de seus dogmas demasiado frívolas para merecer atenção.

* Lib. i. 83 [Diodoro de Sicília, livro I, cap.83, seções 8-9].

máximo terror no EGITO, todo o povo levantou-se com a máxima fúria contra um soldado legionário que, sem querer, se tornou culpado de cometer o sacrilégio ímpio de matar um gato; e todos os esforços do príncipe foram incapazes de salvá-lo. O senado e o povo de ROMA, estou persuadido, não teriam se mostrado, nessa época, tão suscetíveis em relação às suas divindades nacionais. Pouco tempo depois, eles votaram abertamente em AUGUSTO para um lugar nas casas celestiais; e teriam destronado todas as divindades do céu por sua causa, caso ele tivesse dado a impressão de querer isso. *"Presens divus habebitur AUGUSTUS"*, diz HORÁCIO.[49] Isso é muito importante. E a mesma circunstância não foi considerada completamente indiferente em outras nações e em outras épocas.*

Apesar da santidade de nossa religião sagrada, diz CÍCERO,** nenhum crime é mais comum entre nós do que o sacrilégio. Mas nunca se ouviu dizer que um EGÍPCIO violou o templo de um gato, de um íbis ou de um crocodilo? Não existe tortura nenhuma, diz o mesmo autor em outra parte,*** à

---

* Quando Luis XIV tomou para si a proteção do Colégio de Clermond, pertencente aos jesuítas, estes ordenaram que as armas do rei fossem baixadas no portão, e fizeram descer a cruz a fim de dar-lhe passagem. O que deu ocasião ao seguinte epigrama:

Sustulit hinc Christi, posuitque insignia Regis:
Impia gens, alium nescit habere Deum.

(*Abaixaram o emblema de Cristo para dar lugar ao do Rei,*
gente ímpia que não sabe ter outro Deus.)

** *De Nat. Deor.* i. 29 [Cícero, *Sobre a natureza dos deuses*, livro I, cap.29, sec.82].

*** *Tusc. Quaest.* lib. v. 27 [Cícero, *Disputas tusculanas*, livro V, cap.27, sec.78].

História natural da religião

qual um EGÍPCIO não se submeteria em vez de ferir um íbis, uma serpente, um gato, um cão ou um crocodilo. Assim, é estritamente verdadeiro o que DRYDEN observa:

> Qualquer que seja a descendência de sua divindade, de um tronco, de uma pedra, ou de outro objeto familiar, seus servos são tão apaixonados na sua defesa, como se ela tivesse nascido do ouro fundido.
>
> ABSALÃO e ACHITOPHEL[50]

Na verdade, quanto mais inferiores são os materiais dos quais a divindade é composta, maior é a devoção que ela tem chance de suscitar no coração de seus adeptos iludidos. Eles exultam em sua vergonha e tornam-se merecedores de sua divindade, enfrentando, em seu nome, todo o escárnio e desprezo de seus inimigos. Dez mil guerras religiosas[51] alistam-se sob as bandeiras sagradas e triunfam abertamente nas partes de sua religião, que, aos olhos de seus adversários, são as mais vergonhosas.

Admito que existe uma dificuldade no sistema EGÍPCIO de teologia; que, na verdade, poucos sistemas desse tipo são inteiramente livres de dificuldades. É evidente que um casal de gatos, em virtude de seu método de procriação, povoaria em cinquenta anos todo um reino, e que, se esse culto religioso ainda estivesse em vigor, em mais vinte anos não só seria mais fácil encontrar no EGITO um deus em vez de um homem – e esse foi o caso, segundo PETRÔNIO,[52] em certas regiões da Itália –, mas os deuses acabariam finalmente matando os homens de fome, deixando-os sem sacerdotes e sem devotos. É provável, portanto, que essa sábia nação, a mais célebre da Antiguidade por sua sabedoria e por sua sólida diplomacia,

David Hume

prevendo consequências tão perigosas, reservou todo o seu culto às divindades adultas, e usou a liberdade para extinguir, sem qualquer escrúpulo ou remorso, a prole sagrada ou os deuses pouco experientes. E é por isso que não devemos, de maneira nenhuma, considerar uma invenção dos tempos modernos o costume de deturpar os princípios religiosos a fim de servir aos interesses pessoais.

O sábio filósofo VARRO[53] não pretende, em seus discursos sobre a religião, afirmar algo que ultrapasse a verossimilhança e as aparências. Tal era seu bom senso, sua moderação! Mas SANTO AGOSTINHO, levado por seu zelo e por sua paixão, insulta esse nobre ROMANO por seu ceticismo e por sua reserva, e professa a crença e a confiança mais completas.* Entretanto, um poeta pagão, contemporâneo do santo, pensa, erradamente, que o sistema religioso deste último é tão falso que mesmo a credulidade das crianças, diz ele, não poderia levá-las a acreditar nele.**

É estranho, quando o erro é tão comum, que cada um se mostre categórico e dogmático? É estranho que o zelo frequentemente aumente na proporção do erro? *"Moverunt"*, diz ESPARCIANO,*** *"& ea tempestate, Judaei bellum quod vetabantur mutilare genitalia".*[54]

Se jamais houvesse uma nação ou uma época em que a religião pública perdesse toda sua autoridade sobre os homens,

---

* *De civitate Dei*, l. iii. c.17 [Santo Agostinho, *A cidade de Deus*, livro III, cap.17].

** Claudii Rutilii Numitiani iter, lib. i. l. 394 [Cláudio Rutilio Namaciano, *Viagem à Gália*, livro I, 1, 394].

*** *In vita Adriani*, 14 [Aelio Esparciano, *História Augusta*, "Vida de Adriano", livro 14, sec.2].

História natural da religião

poderíamos esperar que a infidelidade, nos tempos de CÍCE-RO, tivesse instalado abertamente seu poder em Roma, e que o próprio CÍCERO, em seus atos e palavras, tivesse se mostra-do seu mais declarado defensor. Mas parece que, sejam quais forem as liberdades céticas que esse grande homem possa ter tomado em seus escritos e em seus diálogos filosóficos, ele evitou, contudo, ser acusado de monoteísmo e de impiedade na conduta pública de sua vida. Mesmo no seio de sua própria família, e aos olhos de sua mulher, TERÊNCIA, na qual tinha toda confiança, achava bom mostrar-se sob os traços de um homem religioso devotado; e nos resta uma carta que ele lhe endereça, na qual formula seriamente o desejo de que ela ofe-reça um sacrifício a APOLO e a ESCULÁPIO, para agradecê-los pela recuperação de sua saúde.*

A devoção de POMPEU foi muito mais sincera: em toda sua conduta, durante as guerras civis, ele deu grande impor-tância aos prognósticos, aos sonhos e às profecias.**

AUGUSTO foi corrompido por superstições de todos os tipos. Da mesma forma que se relata que o gênio poético de MILTON nunca fluía com facilidade e com abundância na primavera, AUGUSTO também observou que seu próprio gê-nio de sonhador nunca era tão perfeito, nem tão confiável, durante aquela estação, como o era durante o restante do ano. Esse grande e hábil imperador se sentia extremamente preo-cupado quando lhe acontecia de trocar os sapatos e colocar o

---

* Lib. xiv. *epist.* 7 [Cícero, *Carta aos seus amigos*, livro XIV, carta 7, sec.I].

** Cicero, *de Divin.* lib. ii. c.24 [Cícero, *Sobre a adivinhação*, livro II, cap.9].

sapato direito no pé esquerdo.* Em suma, não podemos duvidar que os adeptos das superstições estabelecidas da Antiguidade tenham sido, em todas as classes, tão numerosos quanto os da religião moderna atualmente. A influência dessas superstições era igualmente universal, ainda que não fosse tão grande. Muitas pessoas as adotaram, embora seu assentimento não tenha sido, aparentemente, tão forte, tão preciso e tão categórico.

Podemos observar que, apesar do caráter dogmático e imperioso de toda superstição, a convicção dos homens religiosos é, em todas as épocas, mais fingida que real, e apenas raramente e em certa medida se aproxima a firme crença e a firme convicção que nos governa nos assuntos comuns da vida. Os homens não ousam confessar, nem mesmo no seu íntimo, as dúvidas que os assaltam sobre essas questões: ostentam uma fé sem reservas e dissimulam ante si mesmos sua real incredulidade, por meio das mais categóricas afirmações e do mais absoluto fanatismo. Mas a natureza é mais forte que seus esforços e não permite que a luz obscura e pálida, surgida nessas sombrias regiões, iguale-se às impressões vívidas produzidas pelo senso comum e pela experiência. A habitual conduta dos homens contradiz suas próprias palavras e mostra que seu assentimento nessas questões é uma operação inexplicável da mente, situada entre a incredulidade e a convicção, mas que está muito mais próxima da primeira que da segunda.[55]

---

* Sueton., *Aug.* cap.90, 91, 92 [Suetônio, *Os doze Césares*, "A sagração de Augusto", cap.90-92]; Plin. lib. ii. cap.5 [Plínio, *História natural*, livro II, cap.5, sec.24-25].

História natural da religião

Uma vez, portanto, que a mente humana parece ser de uma constituição tão débil e tão instável, que mesmo hoje, quando tantas pessoas se interessam por modelá-la continuamente com cinzel e martelo, estas, porém, não são capazes de gravar nela dogmas teológicos com uma impressão duradoura; com muito mais razão, esse deve ter sido o caso nos tempos antigos, quando os que desempenhavam as funções sagradas eram, comparativamente, menos numerosos. Não há razão para espantar-se de que acontecessem então coisas muito contraditórias e de que os antigos, em certos casos, tenham podido passar por infiéis decididos e inimigos da religião estabelecida sem sê-lo realmente, ou, pelo menos, sem saber o que pensar sobre essa questão.

Uma outra causa que torna as religiões antigas muito menos firmes que as religiões modernas é que as primeiras eram *tradicionais*, e as segundas são *escriturárias*. Naquelas, a tradição era complexa, contraditória e, com frequência, duvidosa, de modo que não havia possibilidade de reduzi-la a uma norma ou cânone, nem de propor artigos de fé determinados. As histórias dos deuses eram inúmeras, como as lendas papistas, e, embora quase todo mundo acreditasse um pouco nessas histórias, ninguém podia crer nelas ou conhecê-las integralmente; ao mesmo tempo, porém, todos deviam reconhecer que nenhuma parte repousava sobre melhores fundamentos do que as outras. As tradições das diferentes cidades ou povos eram frequentemente tão diretamente opostas entre si, que não se podia dar razão alguma para preferir umas às outras. E como havia um número infinito de histórias sobre as quais a tradição não era de modo algum clara, a passagem dos artigos de fé mais fundamentais para as lendas mais vagas e incertas

David Hume

era imperceptível. É por isso que a religião pagã parecia desaparecer como uma nuvem toda vez que alguém se aproximava para analisá-la parte por parte. Nunca foi possível estabelecê-la em dogmas ou em princípios invariáveis. E embora isso não levasse a maioria dos homens a abandonar uma fé tão absurda (pois quando o povo haverá de ser razoável?), essa razão tornou-os mais fracos e vacilantes na defesa de seus princípios, e ainda foi capaz de levar alguns, de uma disposição de espírito particular, a adotar práticas e opiniões que tinham a aparência de uma verdadeira incredulidade.

Devemos acrescentar a isso que as fábulas da religião pagã eram, por si mesmas, simples, fáceis e familiares; sem demônios, sem mares de enxofre ou qualquer objeto que pudesse aterrorizar muito a imaginação. Quem poderia conter o riso ao pensar nos amores de MARTE e de VÊNUS ou nos jogos amorosos de JÚPITER e de PÃ? Essa religião, desse ponto de vista, seria uma verdadeira religião poética, se, no entanto, não tivesse sido tão leviana para com os gêneros mais sérios da poesia. Sabemos que ela foi adotada pelos poetas modernos e que estes não falaram dos deuses, a quem consideraram meras ficções, com maior liberdade e irreverência que os antigos, para quem eram objetos reais de sua devoção.

Não podemos, de modo nenhum, concluir que todos os homens de bom senso tenham rejeitado categoricamente um sistema religioso por ele não ter deixado nenhuma impressão profunda sobre o espírito de um povo, e que, apesar dos preconceitos da educação, estabeleceram-se então universalmente princípios contrários, por meio de argumentos ou raciocínios. Não tenho certeza, mas uma inferência contrária parece mais provável. Quanto menos opressiva e prepotente for uma

História natural da religião

superstição, menos provocará o rancor e a indignação dos homens – ou os induzirá a se interrogarem sobre seu fundamento e sua origem. É ao mesmo tempo evidente que o império de toda fé religiosa sobre o entendimento é flutuante e incerto, sujeito a qualquer mudança de humor e dependente das circunstâncias do momento que impressionam a imaginação. A diferença é apenas de grau. Um autor clássico dará ao seu discurso ora um tom de impiedade, ora outro de superstição.* Um moderno geralmente pensa da mesma maneira, embora possa ser mais circunspecto em suas expressões.

LUCIANO nos diz expressamente** que o povo considerava profano e ímpio aquele que não acreditasse nas mais ridículas fábulas do paganismo. Com que intenção, de fato, esse agradável autor teria empregado todo o poder de sua ironia e

---

* Prova isso esta notável passagem de Tácito: *Praeter multiplices rerum humanarum casus caelo terraque prodigia & fulminum monitus & futurorum praesagia, laeta tristia, ambigua manifesta. Nec enim unquam atrocioribus populi Romani cladibus, magisve justis indiciis approbatum est, non esse curae Diis securitatem nostram, esse ultionem.* (*Além dos múltiplos golpes que atingem os negócios humanos, vemos prodígios nos céus e na terra, sinais de relâmpagos, presságios felizes, funestos, equívocos evidentes. Jamais um efeito mais atroz, calamidades suportadas pelo povo romano, jamais sinais mais conclusivos, mostraram que se os deuses não têm preocupação em nos salvar, eles se preocupam em nos punir.*) Hist. lib. i. 3 [Tácito, *Histórias*, livro I, cap.3]. A disputa de Augusto com Netuno é um exemplo do mesmo gênero. Se o imperador não tivesse acreditado que Netuno era um ser real, e que tivesse domínio sobre o mar, onde estaria o fundamento de seu ódio? E se ele acreditasse, que loucura provocar ainda mais essa divindade! A mesma observação pode ser feita sobre as exclamações de Quintiliano, por causa da morte de seu filho. lib. vi. Praef. [Quintiliano, *Praef.*, livro VI, prefácio, sec.10].

** *Philopseudes*, 3 [Luciano, *Falso amigo*, sec.3].

David Hume

de seu espírito satírico contra a religião nacional, se essa religião não fosse amplamente seguida pelos seus concidadãos e contemporâneos?

TITO LÍVIO* reconhece com muita franqueza, como qualquer teólogo o faria atualmente, a incredulidade comum de sua época, mas em seguida ele a condena severamente. E quem imaginaria que uma superstição nacional, que podia iludir um homem tão distinto, não se impusesse também sobre a maioria do povo?

Os ESTOICOS cobriam o sábio de muitos epítetos magníficos e até mesmo ímpios: que somente ele era rico, livre, soberano e semelhante aos deuses imortais. Esqueciam de acrescentar que ele não era em nada inferior em sabedoria e entendimento a uma mulher velha. Pois certamente nada pode ser mais deplorável que os sentimentos que essa seita mantém em relação às questões religiosas: ao mesmo tempo que eles estão seriamente de acordo com os prognósticos comuns segundo os quais, quando um corvo grasna à nossa esquerda, é um bom presságio, mas que é um mau presságio quando uma gralha faz um barulho do mesmo lado. PANÉCIO foi o único ESTOICO, entre os GREGOS, que duvidou tanto dos prognósticos quanto da adivinhação.** MARCO AURÉLIO*** nos diz que ele mesmo tinha recebido muitas advertências dos deuses durante o sono. É verdade que EPICTETO****

---

* Lib. x. cap.40 [Tito Lívio, *História de Roma*, livro X, cap.40].

** Cicero, *de Divin*. lib. i. cap.3 & 7 [Cícero, *Sobre a adivinhação*, livro I, cap.3 e 7].

*** Lib. i. sec.17 [Marco Aurélio Antonino, *Meditações*, livro I, cap.17, sec.8].

**** *Ench*. sec.17 [Epicteto, *Enchiridion*, sec.18].

nos proíbe de levar em consideração a linguagem das gralhas e dos corvos, mas não é porque eles não dizem a verdade, é somente porque podem nos predizer apenas a quebra de nosso pescoço ou a perda de nossos bens — circunstâncias, diz ele, que de modo algum nos dizem respeito. Assim, os ESTOICOS unem um entusiasmo filosófico a uma superstição religiosa. A força de seu espírito, totalmente voltada para o lado da moral, deixa-os à vontade naquela religião.*

PLATÃO** apresenta SÓCRATES afirmando que a acusação de impiedade levantada contra ele era inteiramente devida à sua rejeição das fábulas, como a da castração de URANO[56] por seu filho SATURNO, ou a do destronamento de SATURNO por JÚPITER. Entretanto, num diálogo posterior,*** SÓCRATES confessa que a doutrina da mortalidade da alma era a opinião aceita pelo povo. Existe aqui uma contradição? Sim, certamente. Mas a contradição não está nos textos de PLATÃO, ela está no povo, cujos princípios religiosos em geral são sempre compostos de partes muito discordantes — o que se verifica sobretudo numa época em que a superstição reinava sobre os homens tão fácil e rapidamente.****

---

    * Reconheço que os estoicos não eram completamente ortodoxos quanto à religião estabelecida, mas podemos ver, a partir desses exemplos, que eles deram um grande passo nesse sentido; e é certo que as pessoas, sem dúvida, foram ortodoxas em alto grau.

    ** *Euthyphro*. 6 [Platão, *Eutífron*, 6a-b].

    *** *Phaedo* [Platão, *Fédon*, 64a, 65a, 68b].

    **** A conduta de Xenofonte, tal como ele mesmo a relata, é uma prova imediata e incontestável da credulidade geral dos homens naquela época, e das incoerências, em todos os tempos, das opiniões humanas quanto às questões religiosas. Esse grande capitão e filósofo, discípulo de Sócrates, alguém que demonstrou alguns dos

David Hume

sentimentos mais refinados em relação à divindade, deu todos os sinais seguintes de uma superstição vulgar e pagã. Aconselhado por Sócrates, ele consultou o oráculo de Delfos antes de engajar-se na expedição de Ciro, *De exped.* lib. iii. p.294, ex edit. *Leuncl.* [*Da expedição de Alexandre*, livro III, cap.I, sec.5, ex edit. *Leunc.*]. Ele teve um sonho na noite seguinte à captura do general, sonho ao qual prestou grande atenção, mas que julgou ambíguo. *Id.* p.295. Com todo o exército, considerou que o espirro era um presságio muito favorável. *Id.* p.300. Quando chegou ao rio Centrites, teve um outro sonho, ao qual seu colega, o general Chirosphus, também prestou grande atenção. *Id.* Lib. IV, p.323. Os GREGOS oferecem sacrifícios ao vento frio do Norte que os faz sofrer; e o historiador observa que o vento diminuiu imediatamente, *Id.* p.329. Xenofonte consultou em segredo os sacrifícios, antes de tomar uma decisão sobre o estabelecimento de uma colônia. Lib. V, p.359. Ele mesmo era um adivinho muito hábil. *Id.* p.361. As vítimas o levaram a recusar a oferta do comando único do exército. Lib. IV, p.273. O espartano Cleandro, embora o desejasse muito, recusou-o pela mesma razão. *Id.* p.392. Xenofonte menciona um velho sonho, com a interpretação que lhe era dada, sonho datando da época em que pela primeira vez aliou-se a Ciro, p.373. Ele também menciona o lugar da descida de Hércules aos infernos, crédulo nisso, e acrescenta que ainda restam seus sinais. *Id.* p. 375. Ele quase matou o exército de fome em vez de levá-lo a campo, contrariando os presságios. *Id.* p.382, 383. Seu amigo, o adivinho Euclides, não quis acreditar que ele não tinha conseguido dinheiro com a expedição, até que ele (Euclides) se sacrificou e viu com clareza a verdade nos *Exta*. Lib. vii. p.425 [*Exta*, livro 7, cap.8, sec.1-3]. O mesmo filósofo, ao propor um projeto de minas para aumentar a receita dos atenienses, aconselhou-os antes a consultar o oráculo. *De rat. red.* p.392. Torna-se evidente, tanto pelos próprios fatos quanto pelo caráter da época – quando pouco ou nada poderia ser ganho com a hipocrisia –, que toda essa devoção para servir aos objetivos políticos não era uma farsa. Além disso, torna-se claro, a partir de seus *Ditos e feitos memoráveis*

História natural da religião

O próprio CÍCERO, que em família aparentava ser um homem religioso e devoto, não tinha escrúpulo nenhum, num tribunal público de justiça, de tratar a doutrina de um estado futuro como uma fábula ridícula, à qual ninguém deveria dar atenção.* SALÚSTIO** representa CÉSAR falando a mesma linguagem em pleno Senado.***

Mas que todas essas liberdades não implicam, da parte das pessoas, uma infidelidade e um ceticismo total e universal, é muito evidente para que o neguemos. Embora certas partes da religião nacional pouco influenciassem o espírito humano, outras o tocavam mais de perto; e a principal ocupação dos filósofos céticos era mostrar que não havia mais fundamento

---

de Sócrates, que Xenofonte foi, naquela época, uma espécie de herético, coisa que um devoto político jamais é. É pela mesma razão que afirmo que Newton, Locke, Clarke etc., que sendo arianos ou socinianos, eram absolutamente sinceros quanto à crença que professavam. E sempre apresentei esse argumento contra alguns libertinos, que defendem a qualquer preço que era impossível que esses filósofos não tivessem sido hipócritas.

* *Pro Cluentio*, cap.61 [Cícero, *A favor de Cluentio*, cap.61, sec.171].

** *De bello Catilin.* 51 [Salústio, *Guerra de Catilina*, cap.51, sec.16-20].

*** Cicero, *Tusc.Quaest.* lib. i. cap.5, 6 [*Disputas tusculanas*. livro I, cap.5-6] e Sêneca, *Epist.* 24 [*Epístolas morais*, 24], assim como Juvenal, *Satyr.* 2. 149 [*Sátiras 2*, 149], sustentam que não existe criança ou velha tão ridícula para acreditar nos poetas e em suas narrativas sobre um estado futuro. Por que então Lucrécio exalta tanto seu mestre por libertar-nos desses terrores? Talvez a maioria dos homens tivesse a mesma tendência de Céfalus em Platão, *de Rep.* lib. i. 330 D. [*A República*, livro, I, 330d-331a], que quando era jovem e saudável ridicularizava essas histórias, mas que, ao se tornar velho e enfermo, começou a temer que fossem verdadeiras. Podemos observar que isso não é incomum mesmo hoje.

David Hume

para umas do que para outras. Esse é o artifício de COTTA nos diálogos *Sobre a natureza dos deuses*.[57] Ele refuta todo o sistema da mitologia conduzindo os ortodoxos, pouco a pouco, das histórias mais significativas, nas quais se acreditava, às mais incoerentes, que todos ridicularizavam: dos deuses às deusas, das deusas às ninfas, das ninfas aos faunos e aos sátiros. Seu mestre CARNÉADES tinha empregado o mesmo método de raciocínio.*

Em resumo, são duas as maiores e mais notáveis diferenças entre uma religião mitológica e tradicional e uma religião *sistemática* e *escolástica*: a primeira é frequentemente mais razoável, consistindo somente de inúmeras histórias que, por mais infundadas, não implicam absurdos explícitos nem contradições demonstrativas, e também se impõe tão fácil e tão levemente sobre o espírito humano que, ainda que seja universalmente aceita, felizmente não causa nenhuma impressão profunda sobre os sentimentos e o entendimento.

---

* Sext. Empir. *advers. Mathem.* lib. ix. 429 [Sexto Empírico, *Contra os físicos*, livro I, sec.182-90].

Seção 13
Concepções ímpias da natureza divina nas religiões populares[58] monoteísta e politeísta

A religião primitiva da humanidade surgiu principalmente de um medo dos acontecimentos futuros; e pode-se facilmente conceber quais ideias dos poderes invisíveis e desconhecidos os homens naturalmente entretêm quando estão sob o jugo de sombrias apreensões de todos os tipos. Todas as imagens de vingança, de severidade, de crueldade e de maldade deviam ocorrer, e deviam aumentar o medo e o horror que oprimiam o homem religioso assombrado. Uma vez que um terror infundado se apodera do espírito, a imaginação entra em ação e multiplica ainda mais o número de objetos terrificantes, enquanto a profunda obscuridade, ou, o que é pior, a luz pálida que nos cerca, representa os espectros da divindade sob as mais horríveis aparências que se pode imaginar. E não se pode formar a ideia de uma maldade perversa que esses devotos aterrorizados não a apliquem, prontamente e sem escrúpulo, a sua divindade.

David Hume

Parece ser esse o estado natural da religião quando examinada sob certo ponto de vista. Mas se, no entanto, considerarmos o espírito de louvor e de glorificação que necessariamente intervém em todas as religiões, e que é a consequência desses próprios terrores, devemos esperar que prevaleça um sistema teológico totalmente contrário. Toda virtude, toda qualidade, deve ser atribuída à divindade, e nenhum exagero será considerado suficiente para atingir as perfeições das quais ela é dotada. Todos os panegíricos que possam ser inventados, quaisquer que sejam os estilos, são imediatamente adotados sem que se consulte alguns outros raciocínios baseados na experiência; considera-se que são suficientemente confirmados se nos dão as mais esplêndidas ideias dos objetos divinos de nosso culto e de nossa adoração.

Eis aqui uma espécie de contradição entre os diferentes princípios da natureza humana que intervêm na religião. Nossos terrores naturais produzem a noção de uma divindade diabólica e maligna, mas nossa tendência para a adulação nos leva a reconhecer um ser perfeito e divino. E a influência desses princípios opostos varia de acordo com as diferentes situações do entendimento humano.

As nações bárbaras e ignorantes, como as AFRICANAS e as INDIANAS, e inclusive a JAPONESA, são incapazes de formar uma ideia mais ampla do poder e do conhecimento, por isso cultuam um ser que eles confessam ser perverso e detestável — ainda que mostrem, talvez, uma prudência ao pronunciar esse julgamento em público ou no templo, onde, supõem, suas censuras podem ser ouvidas.

Ideias tão rudes e tão imperfeitas sobre a divindade são abraçadas por longo tempo por todos os idólatras; e podemos

História natural da religião

afirmar, com segurança, que os próprios GREGOS nunca se libertaram totalmente delas. XENOFONTE* observa, para a glória de SÓCRATES, que este filósofo não apoiava a opinião vulgar que supunha que os deuses sabiam algumas coisas e ignoravam outras. Ele sustentava que eles sabiam tudo o que era feito, dito, ou mesmo pensado. Mas como esse era um ensinamento filosófico** muito acima da capacidade de seus contemporâneos, não devemos nos surpreender quando Xenofonte, em seus livros e diálogos, censura muito abertamente as divindades que eles adoravam em seus templos. Podemos observar que HERÓDOTO, particularmente, não tem nenhum escrúpulo em atribuir, em muitas passagens, inveja aos deuses, um sentimento, dentre todos, mais adequado a uma natureza perversa e diabólica. Os hinos pagãos, entretanto, cantados em cultos públicos, nada mais continham que epítetos de louvor, ainda quando atribuíam aos deuses as mais bárbaras e detestáveis ações. Quando o poeta TIMÓTEO cantou um hino em louvor a DIANA, no qual enumerou, com os mais altos elogios, todas as ações e todos os atributos dessa deusa cruel e caprichosa, um ouvinte lhe disse: "Que tua filha se torne igual à divindade que tu celebras".***

---

* *Mem.* lib. i. I, 19 [Xenofonte, *Ditos e feitos memoráveis de Sócrates*, livro I, cap.I, sec.19].

** Os antigos consideravam um paradoxo filosófico muito extraordinário que a presença de deuses não fosse limitada aos céus, mas se estendesse a todos os lugares, como sabemos a partir de Luciano, *Hermotimus sive De sectis*, 81 [*Hermótimo, ou sobre as seitas*, parágrafo 81].

*** Plutarch, *de Superstit.* 10 [Plutarco, *Opúsculos morais: sobre a superstição*, livro II, cap.10, 170a-b].

Mas quanto mais os homens exaltam a ideia que têm da divindade, mais aumenta a noção que eles têm de seu poder e conhecimento, não a de sua bondade. Ao contrário, à medida que aumenta a suposta extensão de sua ciência e de sua autoridade, o medo que naturalmente sentem cresce, enquanto acreditam que nenhum segredo pode escondê-los de seu exame minucioso, e que mesmo os recônditos mais íntimos de seus corações ficam expostos à divindade. Eles devem, então, tomar cuidado para não formar expressamente nenhum sentimento de censura ou de desaprovação. Não deve haver senão aplausos, arrebatamentos, êxtases. E enquanto suas apreensões sombrias os fazem atribuir à divindade modelos de conduta que entre as criaturas humanas seriam vivamente censurados, devem ainda fingir louvar e admirar[59] tal conduta no objeto de suas orações religiosas. Assim, podemos afirmar com segurança que as religiões populares são, na realidade, quando se considera as concepções de seus adeptos mais ordinários, espécies de demonismo, e que, quanto mais ela é exaltada em poder e conhecimento, menos é, evidentemente, rebaixada em sua bondade e benevolência, sejam quais forem os epítetos de louvor que possam ser aplicados à divindade por seus adoradores maravilhados. Entre os idólatras, as palavras podem ser falsas e desmentir uma opinião secreta, mas, entre os fanáticos mais exaltados, a própria opinião adquire uma espécie de falsidade e desmente o sentimento interior. O coração detesta secretamente tais medidas, de uma vingança cruel e implacável, mas o juízo não ousa senão pronunciá-las perfeitas e adoráveis. E o sofrimento adicional desse conflito interior aumenta todos os outros terrores, que assombram eternamente essas vítimas infelizes da superstição.

História natural da religião

LUCIANO* observa que um jovem que lê a história dos deuses em HOMERO ou Hesíodo, e vê suas facções, suas guerras, a injustiça, o incesto, o adultério e outras faltas tão altamente louvadas, ficará muito surpreso em seguida, quando, maior de idade, perceber que são impostas, por meio de leis, punições às mesmas ações que esses autores lhe ensinaram a atribuir a seres superiores. A contradição é talvez ainda mais forte entre as representações que certas religiões posteriores nos oferecem e nossas ideias naturais de generosidade, clemência, imparcialidade e justiça; e quanto mais os terrores engendrados por essas religiões se multiplicam, mais se propagavam entre nós as concepções bárbaras da divindade.** Nada pode

---

* Necyomantia. 3 [Luciano, *Necromancia*, "Menipo ou a descida ao Hades", parágrafo 3].

** A mitologia pagã representa o deus Baco como o inventor da dança e do teatro. As peças de teatro formavam mesmo, outrora, uma parte do culto público nas ocasiões mais solenes, e serviam frequentemente, em épocas de peste, para apaziguar os deuses ofendidos. Mas elas foram mais tarde severamente proscritas pelos devotos, e as salas dos teatros são, segundo um sábio teólogo, as portas do inferno. Mas a fim de mostrar mais claramente que é possível que uma religião represente a divindade sob aspectos ainda mais imorais e desagradáveis do que aqueles sob os quais os antigos pintavam seus deuses, citaremos uma longa passagem de um autor de gosto e imaginação, que sem dúvida não foi um inimigo do cristianismo. Trata-se do cavalheiro Ramsay, escritor que tinha uma tendência bastante louvável para a ortodoxia. Sua razão não via nenhum problema mesmo nas doutrinas que, segundo os livres pensadores, mais levantam dificuldades: a trindade, a encarnação, a rendenção; somente os sentimentos de humanidade desse autor, os quais ele parece ter tido de sobra, revoltavam-se contra as doutrinas da punição eterna e da predestinação. Ele se exprime assim: "Que estranhas ideias", diz ele, "um filósofo indiano ou chinês teria de nossa santa religião se julgasse a partir das exposições que dela nos dão os livres pensadores modernos e os doutores fariseus de todas as seitas!". Segundo o sistema odioso e muito *vulgar* desses zombadores incrédulos e desses escrevinhadores crédulos, "o Deus dos judeus é um ser muito cruel, injusto, parcial e extravagante. Ele criou, há cerca de seis mil anos, um homem e uma mulher, e os colocou num belo jardim da ÁSIA, do qual nada resta. Esse jardim era repleto de todas as espécies de árvores, de fontes e de flores. Ele permitiu que eles comessem todos os tipos de frutos desse belo jardim, exceto os de uma árvore plantada no meio dele e que tinha a virtude secreta de mantê-los numa saúde e vigor corporal e espiritual eternos, de desenvolver seus poderes naturais e de torná-los sábios. O diabo assumiu a forma de uma serpente e tentou a primeira mulher a comer desse fruto proibido; ela seduziu seu marido a fazer o mesmo. Para punir essa pequena curiosidade e esse desejo natural de vida e de conhecimento, Deus não somente expulsou nossos primeiros pais do paraíso terrestre, mas condenou também toda a posteridade aos sofrimentos temporais, e a maioria de seus descendentes ao mal eterno, ainda que as almas dessas crianças inocentes não tenham mais relação nenhuma com a de Adão do que com as de Nero e de Maomé, já que, segundo os tolos escolásticos, os autores de fábulas e os mitólogos, todas as almas são criadas puras e são insufladas imediatamente no corpo mortal a partir do momento em que o feto é formado. Para aplicar esse decreto bárbaro e parcial da predestinação e da danação, Deus abandonou todas as nações às trevas, à idolatria e à superstição, sem qualquer conhecimento redentor ou graças salutares, exceto uma nação que ele escolheu como sua nação particular. Essa nação eleita era, entretanto, a mais estúpida, a mais ingrata, rebelde e pérfida de todas. Após ter guardado, durante mais de quatro mil anos, a maior parte da espécie num estado de reprovação, Deus mudou de repente de opinião, e teve afeição por outras nações além da nação judaica. Ele enviou então ao mundo seu filho único, sob forma humana, para que ele aplacasse sua ira, satisfizesse sua justiça vingativa e morresse pelo perdão dos pecados. Poucas dessas nações, entretanto, ouviram falar desse evangelho – e todas as demais, ainda que colocadas numa insuperá-

História natural da religião

vel ignorância, são condenadas sem exceção e remissão possíveis. A maioria dos que ouviram falar a seu respeito mudou apenas algumas noções especulativas acerca de Deus, bem como algumas formas visíveis de culto, pois, em outros aspectos, o conjunto dos cristãos continuou tão corrompido quanto o resto dos homens em seu comportamento moral; sim, muito mais perverso e criminoso, uma vez que suas luzes eram maiores. À parte um pequeno número eleito, todos os demais cristãos, como todos os pagãos, serão condenados para sempre; o grande sacrifício oferecido a sua saúde permanecerá sem objeto e sem efeito; Deus encontrará sempre suas delícias em seus tormentos e em suas blasfêmias; e ainda que possa por um *fiat* mudar seu coração, jamais, entretanto, eles se converterão nem poderão se converter, porque nunca poderão apaziguá-lo nem reconciliar-se com ele. É verdade que tudo isso torna Deus odioso, na verdade um ser que detesta as almas mais que as ama, um tirano cruel, sedento de vingança, um demônio impotente e colérico, em vez de um pai todo-poderoso e benevolente dos espíritos. Entretanto, tudo isso é um mistério. Há razões secretas para agir assim, razões que nos são impenetráveis, e, ainda que pareça injusto e bárbaro, devemos, no entanto, acreditar no contrário, pois o que para nós é uma injustiça, um crime, uma crueldade e a maldade mais negra, para Ele é uma justiça, uma misericórdia e bondade soberanas". Foi assim que os livres pensadores incrédulos, os cristãos judaizantes e os doutores fatalistas desfiguraram e desonraram os mistérios sublimes de nossa santa fé; foi assim que confundiram a natureza do bem e do mal, transformaram as paixões mais monstruosas em atributos divinos, e superaram os pagãos em suas blasfêmias, atribuindo à natureza eterna, como perfeições, o que constitui entre os homens os crimes mais odiosos. Os pagãos, mais grosseiros, contentaram-se em divinizar a luxúria, o incesto e o adultério, mas os doutores da predestinação divinizaram a crueldade, a cólera, o furor, a vingança e todos os vícios mais negros. Ver os *Princípios filosóficos da religião natural e revelada* do Cavalheiro Ramsay, Parte II, p.401.

O mesmo autor afirma em outra parte que as combinações dos arminianos e dos molinistas pouco servem para mudar as coisas. E após se ter livrado desse modo de todas as seitas recebidas do cristianis-

David Hume

conservar intacto os verdadeiros princípios da moral em nossos julgamentos da conduta humana, senão a necessidade absoluta desses princípios para a existência da sociedade. Se a concepção comum pode permitir para os príncipes um sistema moral um tanto diferente daquele que deveria regular os indivíduos, o que não admitiria para esses seres superiores, cujos atributos, intenções e natureza nos são completamente desconhecidos? *Sunt superis sua jura.** Os deuses têm máximas particulares de justiça.

---

mo, é obrigado a propor seu próprio sistema, que é uma espécie de origenismo;[60] ele supõe a preexistência da alma dos homens e dos animais, e a salvação eterna, bem como a conversão de todos os homens, animais ou demônios. Mas não temos necessidade de tratar dessa noção que lhe é completamente particular. Considerei muito singulares as opiniões desse engenhoso autor, mas não pretendo garantir a exatidão delas.

* Ovid. *Metam.* lib. ix. 499 [Ovídio, *Metamorfoses*, livro IX, II, 499-500].

Seção 14
A má influência das religiões populares[61] sobre a moralidade[62]

Não posso deixar de observar aqui um fato que pode merecer a atenção dos que fazem da natureza humana o objeto de sua investigação. É certo que, em toda religião, por mais sublime que seja a definição verbal que ela ofereça de sua divindade, muitos adeptos, talvez a maioria, procurarão, não obstante, obter o favor divino, não por suas virtudes nem por seus bons costumes, únicas coisas que podem ser agradáveis a um ser perfeito, senão por práticas frívolas, por um zelo imoderado, por êxtases violentos ou pela crença em opiniões misteriosas e absurdas. Só uma pequena parte do *Saddas*,[63] bem como do *Pentateuco*,[64] consiste em preceitos morais, e podemos estar certos de que essa parte foi sempre a menos observada e respeitada.

Quando os antigos ROMANOS foram atacados pela peste, eles nunca atribuíram seus sofrimentos aos seus vícios, nem pensaram em se arrepender ou em se emendar. Eles nunca pensaram que eram os grandes ladrões do mundo, cuja ambi-

David Hume

ção e avareza tornaram a Terra desolada e reduziram nações opulentas à necessidade e à miséria. Eles simplesmente nomearam um ditador* a fim de cravar um prego numa porta, e pensaram que por esse meio tinham apaziguado suficientemente sua divindade enfurecida.

Em ÉGINA, uma facção formou uma conspiração e assassinou selvagem e perfidamente setecentos de seus concidadãos, levando sua fúria ao extremo de cortar as mãos de um miserável fugitivo que tinha se refugiado num templo, com as quais ele agarrava as portas, e, carregado para fora do chão sagrado, imediatamente foi assassinado. "Por essa impiedade", diz HERÓDOTO** (e não por muitos outros assassinatos cruéis), "eles ofenderam os deuses e contraíram uma culpa inexpiável".

Além disso, suponhamos, o que nunca acontece, que se encontre uma religião popular que declare expressamente que só a moralidade pode obter o favor divino; suponhamos também que uma ordem de eclesiásticos seja instituída para inculcar essa opinião nos homens por meio dos sermões diários, com toda a arte da persuasão; apesar disso, os preconceitos das pessoas estão tão profundamente arraigados que, por necessidade de alguma outra superstição, eles tornariam o comparecimento das pessoas a esses sermões a parte essencial da religião, em vez de colocá-las no caminho da virtude e dos bens morais. O sublime prólogo das leis de ZALEUCUS***

---

* Chamado *Dictator clavis figendae causa*. T. Livii. l. vii. c.3 [Tito Lívio, *História de Roma*, livro l, cap.3, sec.3].

** Lib. vi. 91 [Heródoto, *História*, livro VI, cap.91].

*** Que se encontra em Diod. Sic. lib. xii. 120 [Diodoro de Sicília, livro XII, cap.20-21].

História natural da religião

não inspirou os LOCRENSES,[65] tanto quanto podemos saber, noções mais sólidas dos meios de agradar à divindade do que as noções que eram familiares a outros GREGOS.

Essa observação, então, vale universalmente. Mas podemos ter ainda alguma dificuldade em explicá-la. Não é suficiente observar que em todos os lugares as pessoas rebaixam suas divindades até torná-las semelhantes a si mesmas, e que as consideram simplesmente uma espécie de criaturas humanas de algum modo mais poderosas e inteligentes. Isso não eliminará a dificuldade, pois não existe *homem* nenhum tão estúpido que não estime, a julgar por sua razão natural, que a virtude e a honestidade são as qualidades mais valiosas que uma pessoa pode possuir. Por que não atribuir o mesmo sentimento à divindade? Por que não fazer com que toda religião, ou sua parte principal, consista nessa realização?

Não é satisfatório dizer que a prática da moralidade é mais difícil que a da superstição — e é, portanto, rejeitada. Pois — para não mencionar as penitências excessivas de Brachmans e de Talapoins — é certo que o ramadã[66] dos TURCOS, durante o qual os pobres infelizes, dia após dia, frequentemente nos meses mais quentes do ano e num dos climas mais quentes do mundo, permanecem sem comer nem beber, do nascimento ao pôr do sol — é certo, dizia eu, que o ramadã deve ser muito mais severo que a prática de qualquer dever moral, mesmo para os homens mais corrompidos e depravados. As quatro quaresmas dos MOSCOVITAS e as austeridades de alguns católicos romanos parecem mais desagradáveis que a brandura e a benevolência. Em suma, toda virtude, quando nos reconciliamos com ela sem muito esforço, é agradável. Toda superstição é quase sempre odiosa e opressiva.

David Hume

Talvez possamos aceitar a seguinte explicação como a verdadeira solução dessa dificuldade. Os deveres que um homem cumpre como amigo ou como pai parecem referir-se simplesmente a seu benfeitor ou a seus filhos, e ele não pode faltar a esses deveres sem romper todos os vínculos da natureza e da moralidade. Uma forte inclinação pode impulsioná-lo a cumpri-los. Um sentimento de ordem e de obrigação moral une sua força à força desses vínculos naturais, e o homem por inteiro, se é verdadeiramente virtuoso, é conduzido ao seu dever sem qualquer esforço ou violência. Ainda no caso das virtudes que são mais austeras e mais dependentes da reflexão, como o espírito público, o dever filial, a temperança ou a integridade, a obrigação moral, tal como a compreendemos, descarta toda a pretensão a um mérito religioso; e a conduta virtuosa não é mais que aquilo que devemos à sociedade ou a nós mesmos. Em tudo isso um homem supersticioso nada descobre que tenha realizado especialmente por causa de sua divindade ou que possa recomendá-lo de um modo particular ao favor e à proteção divina. Não lhe ocorre que o melhor método de servir à divindade é promover a felicidade de suas criaturas. Ele ainda espera por uma assistência mais imediata do ser supremo, a fim de diminuir os terrores que o oprimem. E qualquer prática que se lhe recomende, ainda que não tenha utilidade nenhuma na vida ou ofereça a mais forte resistência às suas inclinações naturais, ele a abraçará logo, graças àquelas mesmas circunstâncias que deveriam fazer com que ele a rejeitasse completamente. Parece-lhe que isso é o mais puramente religioso, na medida em que não deriva da mistura de qualquer outro motivo ou consideração. E se, por sua causa, sacrifica boa parte de seu bem-estar e de sua tranquilidade,

História natural da religião

crê que seus méritos aumentam conforme se manifesta seu fervor e sua devoção. Se ele devolve algo emprestado ou paga uma dívida, sua divindade não lhe deve obrigação nenhuma, pois tais atos de justiça são os que estava obrigado a cumprir e o que muitos teriam cumprido mesmo que não houvesse deus nenhum no universo. Mas se ele jejua um dia ou se dá a si mesmo uns bons açoites, isso tem, na sua opinião, uma relação direta com a assistência de Deus. Nenhum outro motivo pode levá-lo a tais austeridades. Por meio desses extraordinários sinais de devoção obtém, pois, o favor divino, e pode esperar, como recompensa, proteção e segurança neste mundo – e felicidade eterna no outro.

É por isso que o maior dos crimes tem sido considerado, em muitos casos, compatível com uma piedade e devoção supersticiosas. É por isso, justamente, que se considera arriscado fazer qualquer inferência a favor da moralidade de um homem, a partir do fervor ou do rigor de sua prática religiosa, ainda que ele mesmo acredite na sinceridade desta. Mais ainda: observou-se que as atrocidades mais negras têm sido mais apropriadas para produzir terrores supersticiosos e para aumentar a paixão religiosa. BOMILCAR, tendo formado uma conspiração para assassinar de uma só vez todo o senado de CARTAGO e violar as liberdades de seu país, perdeu a oportunidade por causa de uma preocupação contínua com os presságios e com as profecias. "Os que empreendem as ações mais criminosas e mais perigosas são em geral os mais supersticiosos", como oportunamente observa um historiador da antiguidade.* Sua devoção e sua fé espiritual aumentam com seus

---

* Diod. Sic. lib. xx. 43 [Diodoro de Sicília, livro XX, cap.43].

temores. Catilina[67] não se satisfez com as divindades estabelecidas e com os ritos aceitos pela religião nacional. Seus terrores inquietos o fizeram procurar novas invenções dessa espécie,* e ele provavelmente nunca teria sonhado com elas se tivesse permanecido um bom cidadão, obediente às leis de seu país.

A isso podemos acrescentar que, depois da execução do crime, surgem remorsos e terrores secretos que não deixam nenhum repouso ao espírito, mas o fazem recorrer a ritos e a cerimônias religiosas como expiação de suas faltas. Tudo o que enfraquece ou perturba as disposições interiores do homem favorece os interesses da superstição; e nada os destrói mais do que uma virtude viril e constante, que nos preserva dos acidentes desastrosos e melancólicos ou que nos ensina a suportá-los. Quando resplandece essa serenidade de espírito, a divindade jamais aparece sob falsas aparências. Porém, quando nos abandonamos às sugestões naturais e indisciplinadas de nossos corações tímidos e ansiosos, atribuímos ao ser supremo, em virtude dos terrores que nos agitam, toda espécie de barbárie; e, em razão dos métodos que adotamos a fim de apaziguá-lo, todas as formas de arbitrariedade. *Barbárie* e *arbitrariedade*: essas são as qualidades, ainda que dissimuladas com outros nomes, que formam, como podemos observar universalmente, o caráter dominante da divindade nas religiões populares. E até os sacerdotes, em vez de corrigir essas ideias perversas dos homens, têm-se mostrado dispostos a alimentá-las e a encorajá-las. Quanto mais monstruosa é a

---

* Cic. *Catil.* i. 6, Sallust. *de bello Catil.* 22 [Cícero, "Primeiro discurso contra Catilina"; Salústio, *Guerra de Catilina*, cap.22].

História natural da religião

imagem da divindade, mais os homens se tornam seus servidores dóceis e submissos, e quanto mais extravagantes são as provas que ela exige para nos conceder sua graça, mais necessário se faz que abandonemos nossa razão natural e nos entreguemos à condução e direção espiritual dos sacerdotes. Pode-se admitir, assim, que os artifícios dos homens agravam nossas enfermidades naturais e as loucuras desse tipo, mas que na origem nunca as engendram. Elas se enraízam mais profundamente no espírito e nascem das propriedades essenciais e universais da natureza humana.

Seção 15
Corolário geral

Apesar de a estupidez dos homens bárbaros e incultos ser tão grande que eles não conseguem ver um autor soberano nas mais evidentes obras da natureza, obras que lhes são muito familiares, parece, entretanto, que é quase impossível que alguém de bom entendimento rejeite tal ideia, quando esta lhe é sugerida. Em cada coisa é evidente um propósito, uma intenção, um desígnio; e quando ampliamos nossa compreensão a ponto de contemplar os primeiros princípios desse sistema visível, devemos adotar, com a mais forte convicção, a ideia de uma causa ou autor inteligente. As máximas uniformes que vigoram em toda a estrutura do universo também nos levam, naturalmente, se não necessariamente, a conceber essa inteligência como única e indivisível, quando os preconceitos da educação não se opõem a uma teoria tão razoável. Até as contradições da natureza, ao se revelarem em toda parte, tornam-se provas de um plano coerente e estabelecem um projeto ou uma intenção única, ainda que inexplicável e incompreensível.

O bem e o mal se misturam e se confundem universalmente, da mesma forma que a felicidade e a miséria, a sabedoria e a loucura, a virtude e o vício. Nada é puro nem inteiramente uniforme. Todas as vantagens são acompanhadas de desvantagens. Uma compensação universal se impõe em todas as condições do ser e da existência. E não nos é possível, por meio de nossos mais quiméricos desejos, formar a ideia de um estado ou de uma situação perfeitamente desejável. O elixir da vida,[68] segundo a ficção do poeta, é sempre uma mistura tirada das jarras que JÚPITER tem em suas duas mãos, e, se um cálice perfeitamente puro nos é apresentado, como nos diz ainda o poeta, ele é vertido apenas da jarra colocada na mão esquerda.

Quanto mais excelente é um bem, do qual temos uma pequena amostra, mais agudo é o mal que o acompanha; e encontramos poucas exceções a essa lei uniforme da natureza. O espírito mais brilhante beira à loucura; as mais altas efusões de alegria engendram a melancolia mais profunda; os prazeres mais arrebatadores são seguidos da mais cruel lassidão e de desgosto; as esperanças mais promissoras abrem caminho para as decepções mais duras. E, em geral, nenhuma existência oferece tanta segurança (pois não é preciso sonhar com a felicidade) quanto a existência temperada e moderada que se atém, tanto quanto possível, a uma mediocridade e a uma espécie de insensibilidade em todas as coisas.

Como o bem, o grande, o sublime, o encantador encontram-se no mais alto grau nos princípios puros do monoteísmo, podemos esperar, por analogia com a natureza, que o baixo, o absurdo, o mesquinho, o terrificante sejam igualmente explorados nas ficções e quimeras religiosas.

História natural da religião

A tendência universal para acreditar num poder invisível e inteligente, se não é um instinto original, é pelo menos uma coisa que geralmente acompanha a natureza humana e pode ser considerada uma espécie de sinal ou marca que o artífice divino colocou sobre sua obra; e nada, com certeza, pode elevar mais o homem do que ser assim eleito, entre todas as outras partes da criação, para exibir a imagem ou a impressão do criador universal. Mas levemos em consideração essa imagem como ela aparece nas religiões populares do mundo. Como nossas representações desfiguram a divindade! Como ela é rebaixada a um nível mais baixo do caráter que naturalmente atribuiríamos na vida comum a um homem de senso e de virtude!

É um nobre privilégio da razão humana alcançar o conhecimento do ser supremo e poder inferir, a partir das obras visíveis da natureza, um princípio tão sublime como seu criador supremo. Mas vejamos o reverso da medalha. Observemos a maioria das nações e épocas. Examinemos os princípios religiosos que têm, de fato, vigorado no mundo. Dificilmente nos persuadiremos de que eles são mais do que devaneios dos homens. Ou talvez os consideraremos mais uma brincadeira de macacos com a forma humana do que afirmações sérias, positivas e dogmáticas de um ser que se vangloria com o nome de racional.

Ouçamos os protestos verbais de todos os homens. Nada é tão certo quanto seus dogmas religiosos. Examinemos suas vidas. Dificilmente pensaremos que eles têm a menor confiança a seu respeito.

O máximo e mais sincero zelo não nos dá qualquer garantia contra a hipocrisia. A mais notória impiedade é acompanhada de um temor e arrependimento secretos.

Não existe um absurdo teológico tão evidente que não tenha sido adotado, um dia ou outro, por homens dotados do mais vasto e mais refinado entendimento. Nenhum preceito religioso é tão rigoroso que não tenha sido adotado pelo mais libidinoso e mais dissoluto dos homens.

A ignorância é a mãe da devoção. Essa é uma máxima proverbial, confirmada pela experiência geral. Procuremos uma pessoa inteiramente destituída de religião. Se a encontrarmos estaremos certos de que ela está a poucos graus de distância dos animais.

O que há de mais puro do que certo grau de moral incluído em certos sistemas teológicos? O que há de tão corrupto quanto certas práticas às quais esses sistemas dão origem?

A crença na vida futura abre perspectivas confortáveis que são arrebatadoras e agradáveis. Mas como esta desaparece rapidamente quando surge o medo que a acompanha e que possui uma influência mais firme e duradoura sobre o espírito humano!

É tudo uma incógnita, um enigma, um mistério inexplicável. O único resultado de nossas investigações mais meticulosas sobre esse assunto parece ser a dúvida, a incerteza e a suspensão do juízo.[69] Mas tal é a fraqueza da razão humana e tal é o irresistível contágio da opinião que dificilmente poderíamos manter essa dúvida deliberada, se não ampliássemos nossa visão e, opondo uma espécie de superstição à outra, as colocássemos em disputa, enquanto de nossa parte, durante essa fúria e controvérsia, felizmente escapássemos para as regiões calmas, ainda que obscuras, da filosofia.

Notas desta edição

1 Para o leitor atento dos textos de Hume, há aqui um sério problema: como explicar o fato de Hume introduzir a *História natural da religião*, admitindo o que ele questiona profundamente nos *Diálogos*? Uma resposta plausível e que tem sido defendida por alguns de seus principais intérpretes é esta: embora a *História natural da religião*, da mesma forma que os *Diálogos sobre a religião natural*, contenha os mais sinceros ataques de Hume contra a crença religiosa, ele, não obstante, evitou ser muito direto em sua abordagem, mantendo, em alguns casos, argumentos que na realidade destrói em outros escritos. Assim, na *História natural da religião*, Hume alega várias vezes que a existência de Deus pode ser provada racionalmente. Contudo, seus outros escritos e sua correspondência sugerem que ele não acreditava nisso. A respeito desse tipo de estratégia, Noxon esclarece que, "a fim de extravasar seu ceticismo religioso sem se ver acusado de blasfêmia, Hume adotou vários estratagemas tradicionais e empregou alguns de sua autoria. A forma do diálogo permitia-lhe atribuir a um interlocutor as opiniões perigosas, e a si mesmo

David Hume

as mais seguras, como na seção XI da *Investigação*, ou desaparecer completamente nos bastidores, como nos *Diálogos sobre a religião natural*. Transportando suas discussões para uma época anterior ou para outro lugar, Hume transferia a responsabilidade para os leitores que decidissem aplicar essas lições às doutrinas e controvérsias locais. É possível, assim, menosprezar as capacidades mentais e morais de Júpiter sem ofender com isso os filhos de Jeová. É permitido escarnecer a superstição e o entusiasmo desde que seja poupada a 'verdadeira religião'. Também é razoavelmente seguro derrubar um dos esteios em que assenta um dogma religioso desde que outros, supostamente mais fortes, sejam deixados intactos. Estes poderão ser destruídos num momento posterior: o leitor filosófico diligente saberá apreciar o resultado líquido dos diversos argumentos; o censor, farejando em cada publicação, à medida que estas vão surgindo, a presença de sinais de heresia, talvez não consiga perceber essa ligação" (Noxon, *Hume's Philosophical Development*, p.173).

2 Trata-se aqui do argumento "baseado na concordância universal da humanidade" (cf. *Diálogos sobre a religião natural*, parte 4). O argumento consiste numa defesa da real existência de uma entidade divina a partir do fato da crença quase universal em *algum* tipo de divindade. Ver, por exemplo, Cícero, *De Natura Deorum*, Livro I, cap.4; II, cap.5; II, cap.8-10; ou Sexto Empírico, *Contra os físicos*, Livro I, cap.61.

3 No original: "*The first principles must be secundary*". O que Hume parece querer dizer aqui é que os "princípios religiosos" devem ser considerados secundários em relação aos princípios mais básicos; princípios que surgem "de um instinto original ou de uma impressão primária da natureza humana". Convém notar aqui que nem sempre o texto de Hume é claro. Há pas-

História natural da religião

sagens confusas, formas indiretas e oblíquas de expressão, talvez conscientemente adotadas como estratégias de defesa contra a censura. Sobre esse ponto, alguns comentadores notaram que para evitar acusações de uma gravidade que na época nada tinha de desprezível, Hume envolve seu discurso em múltiplos véus de discrição (Flew, A. *Hume's Philosophy of Belief*, p.217), recorrendo a formas indiretas e oblíquas de expressão e a efeitos de mascaramento (Smith, K. *The Philosophy of David Hume*), utilizando toda uma complexa estratégia, cheia de manobras defensivas. Consegue assim escapar ao olhar vigilante do censor sem deixar de apresentar suas teorias mais subversivas (Noxon).

4 A primeira edição de 1757 não traz os títulos das seções, marcadas simplesmente com números romanos. Contudo, numa carta a seu editor, Hume propôs a inclusão dos títulos das seções: "Sei que se tem frequentemente objetado contra minha *História natural da religião* que ela carece de ordem. Para poder evitar esta objeção, resolvi indicar no início o conteúdo que ela abrange... desejaria também que o título de cada seção fosse colocado antes de cada seção. Isso ajudaria o leitor a perceber o escopo do discurso" (carta a William Strahan de 20 de maio de 1757).

5 Na época de Hume, o politeísmo era entendido como sinônimo de idolatria.

6 Em outras edições, o autor usa o termo idólatras.

7 Em outras edições, o autor usa o termo idolatria.

8 Aqui e em outras passagens da *História natural da religião*, Hume aparentemente toma por garantido o argumento do desígnio que critica nos *Diálogos sobre a religião natural* (obra composta por volta da mesma época em que compôs a *História natural da*

David Hume

religião, mas publicada somente após sua morte). O argumento do desígnio constituía um dos principais estratagemas utilizados no século XVIII para inferir a existência de Deus da evidência da ordem e da adaptação dos meios aos fins encontrados na natureza. De acordo com esse argumento, a presença de um desígnio no mundo implicaria a existência de um arquiteto divino. Seria uma incoerência da parte de Hume se não se tratasse de mais uma de suas "estratégicas retóricas". Nos *Diálogos sobre a religião natural*, Hume promove uma discussão do argumento do desígnio por meio de três personagens. Um personagem, chamado Cleantes, defende um argumento do desígnio *a posteriori* a favor da existência de Deus. Um outro personagem, chamado Demea, defende um argumento causal *a priori* a favor da existência de Deus, particularmente uma versão do argumento defendido por Leibniz e Clarke. Finalmente, um personagem chamado Filo é um cético que argumenta tanto contra as provas *a posteriori* como contra as provas *a priori*. Para Filo, o argumento do desígnio baseia-se numa falsa analogia: não sabemos se a ordem na natureza foi o resultado do desígnio, uma vez que, diferentemente de nossa experiência com a criação de máquinas, não testemunhamos a formação do mundo. A vastidão do universo também enfraquece qualquer comparação com os artefatos humanos. Apesar de o universo ser ordenado aqui, ele pode ser caótico em outro lugar. De maneira similar, se um desígnio inteligente é exibido somente em uma pequena parte do universo, então não podemos dizer que ele é a força produtora de *todo* o universo. Filo também defende que o desígnio natural pode ser explicado pela natureza somente na medida em que a matéria pode conter dentro de si um princípio de ordem. E mesmo se o desígnio do universo é de origem divina, não estamos justificados em concluir que essa causa divina é um ser único, todo-poderoso ou benevolente. Em relação ao argumento causal, Filo argumenta que uma vez que admitimos uma explicação suficiente para cada fato particular na sequência infinita de fatos, não faz sentido perguntar sobre a origem da *coleção* desses fatos. Ou seja, uma vez que explicamos adequadamente cada fato individual, isso constitui uma explicação suficiente de toda coleção.

9 Ou seja, o argumento do desígnio.

10 John Milton, *Paraíso perdido*, livro IV (p.205-357).

11 Em outras edições, o autor usa o termo idolatria.

12 Em outras edições, o autor usa os termos idolatria e politeísmo.

13 O restante do parágrafo foi acrescentado em uma nota em outras edições.

14 "Politeísmo ou idolatria" em outras edições.

15 Hamadríada: ninfa dos bosques que nascia e morria com a árvore de cuja guarda estava incumbida e da qual se julgava prisioneira.

16 Hume aparentemente admite aqui, provavelmente apenas como estratégia retórica e por razões de prudência, o argumento do desígnio que ele rejeita nos *Diálogos sobre a religião natural* e em outros textos.

17 Peça escrita por Plauto (Titus Maccius) (*ca*.254-184 a.C.), autor romano de comédias, na qual Júpiter funde duas noites para prolongar sua relação amorosa.

18 Alexandre, o Grande (III) (356-23 a.C.), rei da Macedônia entre 336-23. Filho de Felipe, foi educado por Aristóteles. Suas vitórias sobre os persas garantiram-lhe um império que ia até a Índia, incluindo o Egito.

David Hume

19 Personificação da desordem anterior à criação do mundo. Dele nasceram a Noite, o Dia e o Éter.

20 Literalmente, dos "comedores de peixe".

21 O principal argumento de Hume é que os deuses homéricos foram originalmente concebidos e por longo tempo considerados um produto do mundo natural, não autores dele.

22 Hume usa aqui os termos estoico e acadêmico de forma livre. Marco Aurélio foi de fato um estoico, mas Plutarco não foi nem estoico nem acadêmico. A escola estoica, fundada por Zenão de Cítio (332-262 a.c.), e em rivalidade com o epicurismo, dominou o período clássico entre os séculos III e II a.c. A doutrina estoica antiga foi desenvolvida e elaborada pelos discípulos e sucessores de Zenão, Cleantes (331-232 a.c.) e Crisipo (280-206 a.c.).

23 "Politeísmo e idolatria" em outras edições.

24 Este parágrafo aparece em uma nota em outras edições.

25 Nome fenício sob o qual o deus-sol era adorado.

26 Membros dos areópagos atenienses, ou seja, dos tribunais de justiça ou conselhos, célebres pela honestidade e retidão no juízo, que funcionavam a céu aberto no outeiro de Marte, antiga Atenas, desempenhando papel importante em política e assuntos religiosos.

27 Mãe Terra.

28 Esta passagem foi originalmente redigida desta forma: "Assim a divindade, que os judeus incultos concebiam somente como o Deus de *Abraão*, de *Isaac* e de *Jacó*, tornou-se o *Jeová* e o Criador do mundo". Em outras edições consta: "Assim, não obstante a sublime ideia sugerida por Moisés e pelos escritores inspirados, muitos judeus incultos parecem ainda ter concebi-

História natural da religião

do o ser supremo como uma mera divindade local ou protetora nacional".

29 Em outras edições, este parágrafo aparece em nota à palavra "todo-poderoso", do penúltimo parágrafo acima.

30 Um dos nomes dados aos frades franceses pertencentes à ordem de Santo Domingo.

31 *Cordeliers* no original, isto é, um dos nomes usados na França para denominar os frades franciscanos seguidores de regras austeras; assim chamados por causa da corda amarrada que usavam em torno da cintura.

32 Esta passagem foi originalmente redigida assim: "Às vezes a rebaixavam ao nível das criaturas humanas, representando-a em luta corporal com um homem, andando na noite fria, mostrando suas costas, e descendo do céu para informar-se sobre o que se passa na terra".

33 Casta sacerdotal entre os antigos Medas (oriente do Irã), uma das principais fontes da religião Zoroastriana.

34 Hume expressa sutilmente aqui uma opinião radical e arriscada, afirmando que o grande número de execuções de heréticos e a supressão da oposição por parte dos cristãos é muito pior que a prática das religiões que fazem publicamente eventuais sacrifícios humanos a seus deuses.

35 Sobre as "virtudes monásticas" ver a *Investigação sobre os princípios da moral*, seção 9, parte I.

36 Religiosos muçulmanos, pertencentes a uma ordem ascética ou mendicante.

37 Seguidor da doutrina de Ário (250-336), padre cristão de Alexandria (Egito), segundo a qual Cristo era uma criatura de natureza intermediária entre a divindade e a humanidade; nega-

David Hume

va-lhe o caráter divino e ainda desacreditava a Santíssima Trindade.

38 Seguidor do pelagianismo, doutrina do monge Pelágio (séc.V), heresiarca inglês, segundo a qual o homem era totalmente responsável por sua própria salvação; minimizava o papel da graça divina, negava o pecado original e a corrupção da natureza humana e, consequentemente, a necessidade do batismo.

39 Seguidor das teorias sobre a supremacia da autoridade civil em assuntos eclesiásticos, defendidas pelo médico suíço Thomas Lieber Erasto (1523-1584).

40 Os socinianos eram os seguidores do italiano Fausto Sozzini (1539-1604), latinizado "Socinus", e precursores dos unitarianos. Enfatizavam a unidade e a eternidade de Deus, mas duvidavam da eternidade e da divindade de Jesus, questionando assim a doutrina da Trindade.

41 Doutrina de Sabélio, heresiarca do séc.III, que negava o dogma da Santíssima Trindade e professava haver uma única substância ou pessoa em Deus, com nomes diversos, segundo os vários modos de se revelar.

42 Seguidor da doutrina herética do heresiarca bizantino Eutíquio (*ca.*358-454), monge de Constantinopla que afirmava só haver em Jesus Cristo a natureza divina sob uma aparência humana. Sua doutrina, o *monofisismo,* foi condenada pelo Concílio da Calcedônia (451).

43 Seguidor ou sectário do nestorianismo, doutrina ligada a Nestório (380-451), monge de Antioquia, heresiarca que fazia a distinção entre as naturezas divina e humana de Cristo, o que, consequentemente, negava a maternidade divina de Maria.

História natural da religião

44 Seguidor da doutrina religiosa do séc.VII que defendia a ideia de que Jesus Cristo possuía somente uma vontade divina.

45 Partidários da Reforma que protestaram contra a decisão da Dieta de Espira (1529) e que se separaram; portanto, descendem da Igreja católica romana.

46 Outras edições apresentam a seguinte referência: livro III, cap.38 [*História*, livro III, cap.29 e 38].

47 Nesta frase e no próximo parágrafo, Hume refere-se à doutrina católica romana da presença real por meio da qual o pão e o vinho usados na liturgia da missa transformam-se de algum modo no corpo e no sangue de "seu deus".

48 Isto é, pertencente aos "mouros", povo que se manteve na Península Ibérica subjugado aos cristãos.

49 "Augusto será considerado um deus em pessoa", Horácio, *Odes*, livro III, ode 5.

50 *Absalom and Achitophel*, de John Dryden, foi originalmente escrita em novembro de 1681, sendo que uma segunda parte apareceu em 1682. No original:

Of whatsoe'er descent their godhead be,

Stock, stone, or other homely pedigree,

In his defense his servants are as bold

As if he had bee born of beaten gold.

51 "*Cruzadas*": em outras edições.

52 Petrônio, *Satiricon*, parágrafo 17.

53 Varro, *Sobre a linguagem latina*, livro V, cap.10, parágrafos 57-74.

54 "Nesta época, os judeus iniciaram a guerra porque foram proibidos de mutilar suas partes genitais."

David Hume

55 Esse parágrafo é fundamental para o esclarecimento da posição de Hume sobre a crença em um deus. Ver a esse respeito: T. Penelhum, "Natural Belief and Religious Belief in Hume's Philosophy", *The Philosophical Quartely*, 1983; e J. C. A. Gaskin, *Hume's Philosophy of Religion* (Londres, 1988), cap.7.

56 Urano ou Uráno, O Céu, filho de Geia ou da Noite, pai de saturno, dos Titãs, dos Ciclopes.

57 Cícero, *Sobre a natureza dos deuses*, livro III.

58 "Nas religiões mais populares" em outras edições.

59 A falsa representação que a "religião popular" impõe à moralidade é um tema recorrente em Hume. Dentre as principais acusações dele contra a religião estão: que ela cria "espécies frívolas de mérito"; que ela cria falsas espécies de crimes, como o suicídio, por exemplo; que ela implica louvar o Todo-Poderoso por sua aparente responsabilidade por atos que nos seres humanos seriam verdadeiros crimes.

60 Arminianos: seguidores do arminianismo, doutrina liberal do teólogo holandês Jacobus Arminius (1560-1609), que negava a doutrina calvinista da predestinação absoluta, afirmando serem compatíveis a soberania de Deus e o livre-arbítrio humano. Molinistas: seguidores da doutrina do jesuíta espanhol Luís de Molina (1535-1600), que visava conciliar o livre-arbítrio com a graça e a presciência divinas. Origenismo: doutrina religiosa apresentada no séc. III por Orígenes, teólogo de Alexandria, que mistura elementos da gnose, do platonismo e do cristianismo.

61 "Mais populares" em outras edições.

62 Toda essa seção é da maior importância para entendermos os argumentos e as opiniões de Hume sobre a relação entre a moralidade e a religião. Ver também *Diálogos sobre a religião natural*,

História natural da religião

parte XII; *Investigação sobre o entendimento humano*, seção XI; e a explicação da moralidade oferecida na *Investigação sobre os princípios da moral*, seções 1-5 e 9.

63 Livro judaico de preces e orações.

64 O *Pentateuco* é a coleção dos cinco primeiros livros do Velho Testamento atribuídos a Moisés: o *Gênesis*, o *Êxodo*, o *Levítico*, o *Números* e o *Deuteronômio*.

65 Habitantes de Locros, antiga cidade grega localizada na extremidade meridional da atual Itália.

66 O ramadã corresponde ao nono mês do ano muçulmano, considerado sagrado e durante o qual a lei de Maomé prescreve o jejum num período diário entre o alvorecer e o pôr do sol.

67 Lúcio Sérgio Catilina (morto em 62 a.c.), governador da província romana da África entre 67-66 a.c. Foi perseguido por corrupção, mas absolvido. Derrotado por Cícero nas eleições para cônsul em 63 e 62, conspirou num golpe revelado por Cícero em seus discursos no Senado. Foi morto pelo exército de Gaio Antonio.

68 *The draughts of life* no original.

69 Esse parágrafo conclusivo da *História natural da religião* parece confirmar a opinião que Hume expressa numa carta a Andrew Millar, de 3 de setembro de 1757, na qual ele diz: "Quanto às minhas opiniões, você sabe que não defendo nenhuma delas de modo positivo: eu somente proponho minhas dúvidas...".

Notas biográficas

Anaxágoras (*ca.*500-428 a.C.), filósofo pré-socrático, nascido em Clazômena. Viveu em Atenas na época de Péricles, que teria sido seu discípulo. Foi perseguido por sua impiedade.

Anaximandro (*ca.*610-547 a.C.), filósofo jônico, principal discípulo e sucessor de Tales, responsável por ousadas especulações físicas e cosmológicas. Propôs o *apeiron* (o ilimitado ou o indeterminado) como primeiro princípio.

Anaxímenes (*ca.*585-528 a.C.), sucessor de Anaximandro em Mileto, adotou o *ar* (*pneuma*) como *arqué*, uma vez que o ar é incorpóreo e se encontra em toda parte.

Aristófanes (*ca.*444-380 a.C.), comediógrafo ateniense, autor de peças como *As nuvens, As rãs,* dentre outras.

Aristóteles (384-323 a.C.), filósofo grego, nasceu em Estágira. Discípulo de Platão, preceptor de Alexandre, o Grande. Autor de obras como *Metafísica, Política, Ética a Nicômaco, Poética, Problemas* etc.

David Hume

Arnóbio (séc.II d.C.), escritor latino, autor de uma obra importante por seus relatos dos costumes e ritos dos gregos e dos romanos.

Arriano (Fluvius Arrianus) (*ca.*90 a.C.-175 d.C.), oficial greco-romano, governador da Capadócia entre 131-37, discípulo de Epicteto e autor de *Expedição de Alexandre*.

Agostinho, Santo (Aurélio Agostinho) (354-430), nasceu em Tagaste na Numídia, província romana no norte da África, hoje localizada na Argélia. Faleceu em uma cidade próxima de Hipona, da qual era bispo. Autor de vários tratados teológicos, destacando-se *Sobre a doutrina cristã*, *Sobre a trindade*, *A cidade de Deus* (*De civitate Dei*). Suas *Confissões* revelam sua biografia e seu desenvolvimento filosófico e espiritual.

Averróis (1126-1198), importante filósofo árabe e principal comentador de Aristóteles no Ocidente. Foi principalmente por meio de sua obra que Aristóteles tornou-se conhecido no mundo cristão latino.

Bacon, Francis (1561-1626), filósofo e estadista inglês, um dos primeiros defensores do método experimental. Tornou a pesquisa independente do princípio da autoridade e do método dedutivo. Estabeleceu uma classificação metódica das ciências e, no *Novum Organum* (1620), uma teoria da indução.

Bayle, Pierre (1647-1706), filósofo e historiador francês, autor do famoso *Dicionário histórico e crítico* (*Dictionnaire historique et critique*), de 1696, uma inestimável fonte para o conhecimento dos argumentos céticos empregados no período moderno, tanto nas controvérsias teológicas quanto nas filosóficas.

Boulainvilliers, Henri, conde de (1658-1722), o mais destacado defensor em sua geração da *thèse nobiliairie*, segundo a qual a constituição francesa deveria ser mista.

História natural da religião

Brumoy, Pierre (1688-1742), escritor e filólogo francês nascido em Rouen, na Normandia. Sua obra *O teatro dos gregos* (*Le théâtre des Grecs*), publicada em 1730, foi muito popular em sua época, porque introduziu os escritores gregos para o público em geral.

Carnéades (219-129 a.C.), filósofo cético pertencente à Academia, considerado um dos primeiros proponentes do probabilismo, ou seja, da ideia de que, diante da impossibilidade da certeza, devemos adotar como critério o provável.

Cassius, Dion (*ca.*155-235 d.C.), historiador grego do começo de Roma até 229 d.C., autor de *História romana*.

César, Júlio (*ca.*102-44 a.C.), ditador, general, autor de *Guerra da Gália* (*De bello Gallico*).

Crisipo (*ca.*281-205 a.C.), terceiro e mais importante chefe da escola estoica (a *Stoa*) em Atenas; autor prolífico, suas obras não sobreviveram.

Cícero, Marco Túlio (106-43 a.C.), filósofo, jurista e orador romano, discípulo da Academia, filósofo eclético, grande tradutor de textos gregos para o latim e criador de grande parte do vocabulário filosófico latino que chegou até nós. Autor de grande número de obras, como *Academica, Sobre a natureza dos deuses* (*De natura deorum*), *Disputas tusculanas* (*Tusculanae disputationes*), *Sobre a adivinhação* (*De divination*), *Dos deveres* (*De officiis*), *De finibus bonus et malorum*.

Clarke, Samuel (1675-1729), filósofo inglês, autor do *Tratado da existência e dos atributos de Deus*, obra destinada a refutar as teorias de Hobbes e Espinosa.

Diodoro de Sicília (Diodoro Siculus) (séc.I a.C.-séc.I d.C.), historiador grego da Sicília que, entre 60 e 30 a.C., escreveu uma história do mundo: *Biblioteca de história*.

David Hume

Diógenes Laércio (séc.II d.c.), autor da obra *Vidas e doutrinas dos filósofos ilustres*, uma das mais importantes obras antigas e conservadas a respeito da filosofia e dos filósofos gregos.

Dionísio de Halicarnaso (séc.I a.c.), orador grego e historiador da queda de Roma em 264 d.c., autor de: *Antiguidades romanas*.

Dryden, John (1631-1700), escritor inglês, representante do classicismo, produziu sátiras políticas (*Aureng-Zeb*), comédias (*Anfitrião*), tragédias (*Tudo por amor, ou o mundo bem perdido*), poemas líricos e estudos críticos (*Ensaios sobre a poesia dramática*).

Epicteto (50-125), filósofo e moralista estoico que ensinou em Roma; seus *Discursos* sobreviveram escritos em grego por Arriano. Autor do famoso *Enchiridion* (*Manual*).

Epicuro (341-270 a.c.), fundador da escola epicurista em Atenas em 306, que, com o estoicismo, dominou amplamente o período posterior à filosofia clássica. Conhecido sobretudo por seu tratado *Da natureza*, em que retoma as teorias atomistas de Demócrito e Leucipo, defendendo que o universo consiste de espaço vazio infinito e de um número infindo de partículas físicas minúsculas eternamente existentes.

Esparciano (Aelius Spartianus) (séc.IV d.C.), um dos escritores das histórias dos Césares.

Estrabão (*ca*.63 a.C.-21 d.C.), geógrafo grego, autor de *Geografia*.

Eurípedes (*ca*.480-406 a.C.), um dos três principais tragediógrafos gregos, ao lado de Ésquilo e de Sófocles. É o mais filosófico, realista e cético dos três. Autor de peças como *Alceste, Hécuba, Medeia, Ifigênia em Aulis* etc.

Fontenelle, Bernard le Bovier de (1657-1757), literato francês. Defensor da ciência e da perspectiva naturalistas. Autor de *Diálogo dos mortos* (*Dialogue des morts*, 1683), *Diálogos sobre a pluralidade dos mundos* (*Entretiens sur la pluralité des mondes*, 1686), *Digressão sobre os antigos e o modernos* (*Digression sur les anciens et les*

História natural da religião

modernes, 1688), *Reflexões sobre a poética* (*Réflexions sur la poétique*, 1695). Foi secretário da Academia Francesa, eleito em 1691.

Galeno (*ca.*129-199 d.C.), médico grego muito influente cujas obras sobre anatomia foram superadas somente no século XIX.

Germânico (Nero Claudius Germanicus) (15 a.C.-19 d.C.), filho adotivo de Tibério.

Heráclito (*ca.*500 a.c.), filósofo pré-socrático, nascido em Éfeso, conhecido por sua doutrina do mobilismo ou fluxo perpétuo das coisas, expressa no famoso fragmento: "Não podemos banhar-nos duas vezes no mesmo rio, porque o rio não é mais o mesmo".

Herodiano (início do séc.III d.c.), historiador que escreveu em grego uma história de Roma: *História do Império na época de Marco Aurélio*, que começa a partir da morte de Marco Aurélio em 238 d.C.

Heródoto (séc.V a.c.), viajante, cronista das gerras greco-persas entre 460-425 a.c. Autor de *História*, é considerado "o pai da história".

Hesíodo (séc.VIII a.c.), um dos primeiros poetas gregos cuja obra, *Os trabalhos e os dias*, apresenta uma descrição da vida cotidiana do país, e a *Teogonia*, oferece um relato da origem do mundo e uma genealogia dos deuses.

Homero (séc.VIII a.c.), grande poeta épico da Grécia cujas obras, *Ilíada* e *Odisseia*, formam a base da literatura e dos costumes gregos.

Horácio (Quintus Horatius Flacus) (65-8 a.C.), poeta e satirista romano, autor de *Odes, Sátiras, Ensaios* e da *Arte poética*, obras muito influentes na Europa moderna.

Hyde, Thomas (1636-1703), autor de *História das religiões persas antigas* (*Historia religionis veterum Persarum*, 1700), um estudo

143

David Hume

das religiões persas antigas altamente respeitado, contendo textos religiosos, comentários e discussões sobre as práticas religiosas. Hyde foi professor de Hebreu e de Árabe em Oxford, e, durante os reinados de Carlos II, James II e William III, ocupou a função de intérprete e secretário de governo para as línguas orientais.

Juvenal (Decimus Junius Juvenalis) (*ca.*60-136 d.C.), considerado o maior poeta satírico romano. Suas *Sátiras*, de teor estoico, influenciaram muito a literatura inglesa, especialmente autores como Pope, Swift e Johnson. Foi traduzido por Dryden.

Lívio (Titus Livius) (59 a.C.-17 d.C.), autor latino de uma imensa e importante história de Roma (*História de Roma*), da qual somente uma quarta parte sobreviveu.

Locke, John (1632-1704), filósofo inglês, autor de obras como *Ensaio sobre o entendimento humano* (1690), *Dois tratados sobre o governo* (1690), e de diversas *Cartas* sobre a tolerância.

Longino (Cassius Longinus) (*ca.*213-273), filósofo e retórico grego, nascido em Palmira, a quem se atribuía, no século XVIII, o tratado *Do sublime*, traduzido por Nicolas Boileau (1636-1711), escritor francês, autor de *Sátiras*, *Epístolas*, e da *Arte poética* (1674).

Luciano (*ca.*115 d.C.), autor grego de vários diálogos satíricos, dentre os quais *Diálogos dos mortos*, *Sobre os sacrifícios*, *Zeus catequizado*, *Falso amigo* (*Philopseudo*), *Hermótimo, ou sobre as seitas*, *Menipo ou a descida ao Hades*, *Necromancia* (*Necyomantia*).

Lucrécio (Titus Lucretius Carus) (*ca.*98-*ca.*50 a.C.), poeta e filósofo latino, autor do grande poema *Sobre a natureza das coisas* (*De rerum natura*), uma das principais fontes da doutrina epicurista.

História natural da religião

Macróbio, Ambrósio (séc.IV e V), gramático latino, escritor eclético sobre literatura. Sua extensa obra *Saturnais* (*Saturnaliorum libri*) menciona, no livro III, o único escrito conhecido de Samônico Sereno: *Res Reconditæ*. Sereno morreu em 212.

Manílio (séc.I a.C.e séc.I d.C.), poeta e cosmólogo latino, autor de *Astronômica*.

Marco Aurélio Antonino (121-180 d.C.), imperador romano de 161 a 180 e filósofo estoico. Autor de *Meditações*.

Maquiavel, Niccolò di Bernardo dei (1469-1527), autor de *O príncipe*, um dos grandes clássicos da teoria política.

Milton, John (1608-1674), poeta inglês defensor das liberdades civis e religiosas. Autor de *Paraíso perdido* (1667), *Paraíso reencontrado* e *Samson agonistes* (1671).

Namaciano (séc.V d.C.), último grande poeta romano. Foi um anticristão.

Nero (37-68 d.C.), imperador de Roma entre 54 e 68.

Newton, Isaac (1642-1727), matemático, físico e teólogo inglês, autor de *Princípios matemáticos da filosofia natural*.

Ovídio (Publius Ovidius Naso) (43 a.C.- *ca.*17 d.C.), brilhante poeta romano, autor de *Arte de amar* (*Ars Amatoria*) e *Metamorfoses*.

Panécio (*ca.*185-109 d.C.), filósofo estoico que influenciou Cícero.

Père le Comte (1655-1729), jesuíta francês, autor de *Novas notícias sobre o estado atual da China* (*Nouveaux memoires sur l'état present de la Chine*), obra publicada em 1696 e condenada como demoníaca em 18 de outubro de 1700, pela Faculdade de Teologia ligada à Sorbonne.

Petrônio Arbiter, Gaius (séc.I d.C.), satirista latino, autor de *Satiricon*.

Platão (*ca.*428-348 a.C.), filósofo ateniense, discípulo de Sócrates e mestre de Aristóteles. Fundador da Academia. Autor de vários diálogos filosóficos, como *A República, Fédon, O Banquete, Mênon, Górgias, Teeteto, Parmênides, Eutífron* e outros.

Plínio, o Velho (Caius Plinius Secundus) (24-79 d.C.), polímata romano e autor de *Historia naturalis* (*História natural*).

Plínio, o Jovem (Caius Plinius Cæcilius Secundus) (*ca.*62 d.C.-*ca.*114 d.C.), sobrinho de Plínio, o Velho. Oficial e jurista romano, autor de *Cartas*.

Plutarco (46-120 d.C.), administrador romano e autor prolífico de biografias e obras gerais sobre moral e outros temas. Autor de *Vidas paralelas, Opúsculos morais* (*Moralia*) etc.

Políbio (*ca.*203-*ca.*120 a.C.), historiador grego, autor de uma história sobre Roma.

Quintiliano (Marcus Fabius Quintilianus) (*ca.*37-100 d.C.), escritor e orador latino, nascido na Espanha, autor de *Institutio oratoria*.

Quinto Cúrcio Rufo (Quintus Curtius Rufus) (séc.I), autor latino de uma história de Alexandre, o Grande: *Historiæ Alexandri Magni Macedonis* (*História de Alexandre, o Grande, da Macedônia*).

Ramsay, Andrew Michael (1686-1743), escritor inglês que se converteu ao catolicismo romano em 1710, autor de *A New Cyropaedia; or The Travels of Cyrus* (1727).

Salústio (Caius Sallustius Crispus) (86-*ca.*34 a.C.), historiador romano autor de vários estudos sobre a história de Roma, autor de *Guerras de Catilina* (*Bellum Catilinae*).

Sêneca (Lucius Annæus Seneca) (*ca.*5 a.C.-65 d.C.), político romano dotado de grande habilidade, conselheiro de Nero e autor de tragédias e muitas cartas e ensaios comentando e aplicando o estoicismo.

Sexto Empírico (séc.II d.C.), doxógrafo grego, compilador do ceticismo antigo, autor de *Hipotiposes pirrônicas*.

Sócrates (469-399 a.c.), filósofo grego, conhecido através dos escritos de seu discípulo Platão, de Xenofonte e de outros.

Suetônio (Caius Suetonius Tranquillus) (*ca.*69-*ca.*140), biógrafo romano mais conhecido por sua obra *Vidas dos Césares*, contendo as biografias dos imperadores romanos de Júlio César a Domiciano.

Tácito (Publius Cornelius Tacitus) (*ca.*55-*ca.*117 d.C.), o mais brilhante, preciso, irônico e lido dos historiadores romanos. Autor de *Anais, História, Germânica etc.*

Tales (de Mileto) (séc.VI a.c.), considerado o primeiro filósofo, um competente astrônomo e administrador.

Tucídedes (*ca.*457-*ca.*400 a.c.), historiador grego da guerra entre Esparta e Atenas, 431-404 a.c., famoso por sua clareza, estilo conciso, por sua consistência e imparcialidade. Autor de *História da guerra do Peloponeso*.

Varro (116-27 a.C.), gramático e polímata latino.

Xenofonte (*ca.*430-*ca.*369 a.C.), escritor ateniense discípulo de Sócrates, autor de diversas obras de grande interesse, incluindo relatos sobre a vida de Sócrates: *Ditos e feitos memoráveis de Sócrates* (*Memorabilia*) e *Banquete*. Autor também da obra histórica *Anábase*, da obra sobre economia doméstica, *Oeconomicus*, e da biografia fictícia *Ciropedia*, sobre o rei Ciro da Pérsia.

Seleção bibliográfica

Obras de David Hume (edições modernas)

A Letter from a Gentleman to his Friend in Edinburgh. Eds. Ernest C. Mossner e John V. Price. Edinburgh: Edinburgh University Press, 1967.

An Enquiry Concerning Human Understanding. Ed. Tom L. Beauchamp. Oxford: Oxford University Press, 1999.

An Enquiry Concerning the Principles of Morals. Ed. Tom L. Beauchamp. Oxford/New York: Oxford University Press, 1998.

Dialogues Concerning Natural Religion and The Natural History of Religion. Ed. J. C. A. Gaskin. Oxford: Oxford University Press, 1993.

Dialogues Concerning Natural Religion. Ed. Richard Popkin. 2.ed. Indianapolis/Cambridge: Hackett, 1998. (Esta edição inclui os ensaios "Of the Immortality of the Soul", "Of Suicide", "Of Miracles".)

Essays Moral, Political and Literary. Ed. Eugene F. Miller. Indianapolis: Liberty Fund, 1985.

David Hume

Four Dissertations. London: Thœmes Press, 1995. Reimp. da ed. de 1757 editada por A. Millar. Introd. John Immerwahr.

The History of England: from the Invasion of Julius Cæsar to the Revolution in 1688. 6v. Indianapolis, 1983.

The Letters of David Hume. Ed. J. Y. T. Greig. 2v. Oxford: Clarendon Press, 1969.

The Natural History of Religion and Dialogues Concerning Natural Religion. Eds. A. Wayne Colver e John Valdimir Price. Oxford: Clarendon Press, 1976. / Ed. James Fieser. New York: MacMillan, 1992.

Obras de David Hume
(*traduzidas para o português*)

Tratado da natureza humana. Trad. Déborah Danowski. São Paulo: Imprensa Oficial / Editora UNESP, 2001. / Trad. Serafin da Silva Fontes. Lisboa: Fundação Calouste Gulbenkian, 2002.

Investigação sobre o entendimento humano. Trad. Leonel Vallandro. Col. "Os Pensadores". São Paulo: Abril Cultural, 1973. / Trad. José Oscar de Almeida Marques. São Paulo: Editora UNESP, 1998. / Trad. João Paulo Monteiro. Lisboa: Imprensa Nacional, 2003.

Diálogos sobre a religião natural. Trad. José Oscar de Almeida Marques. São Paulo: Martins Fontes, 1992.

Uma investigação sobre os princípios da moral. Trad. José Oscar de Almeida Marques. Campinas: Editora da Unicamp, 1995. / Trad. João Paulo Monteiro. Lisboa: Imprensa Nacional, 2003.

Investigações sobre o entendimento humano e sobre os princípios da moral. Trad. José Oscar de Almeida Marques. São Paulo: Editora UNESP, 2004.

Ensaios morais, políticos e literários (seleção). Trad. João Paulo Gomes Monteiro e Armando Mora de Oliveira. Col. "Os Pensadores". São Paulo: Abril Cultural, 1973. / Trad. Sara Albieri e J. P. Monteiro. Lisboa: Imprensa Nacional / Casa da Moeda, 2002. / Trad. Luciano Trigo. Edição, prefácio e notas Eugene F. Miller. Apresentação Renato Lessa. Rio de Janeiro: Top Books, 2004.

Escritos sobre economia. Trad. Sara Albieri. Col. "Os Economistas". São Paulo: Abril Cultural, 1983.

Ensaios políticos. Trad. Pedro Pimenta. Org. Knud Haakonssen. São Paulo: Martins Fontes, 2003.

Livros e artigos sobre a filosofia da religião de Hume (*em inglês*)

CABRERA, M. A. Badia. Hume's Natural History of Religion: Positive Science or Metaphysical Vision of Religion? In: TWEYMAN, Stanley. *David Hume*: Critical Assessments. v.5. London: Routledge, 1995.

CAPALDI, Nicholas. Hume's Philosophy of Religion: God without Ethics. *International Journal for the Philosophy of Religion*, 1976.

DENDLE, Peter. Hume's Dialogues and Paradise Lost. *Journal of the History of Ideas*, v.60, n.2, 1999.

FERREIRA, M. Jamie. Hume's Natural History: Religion and Explanation. *Journal of the History Philosophy*, v.33, n.1, 1995.

FLEW, Anthony. *Hume's Philosophy of Belief.* London: Routledge/Kegan Paul, 1961.

David Hume

FOGELIN, Robert J. What Hume Actually Said About Miracles. *Hume Studies*, v.16, n.1, 1990.

FOSTER, S. P. Different Religious and the Difference They Make: Hume on the Political Effects of Religious Ideology. In: TWEYMAN, Stanley. *David Hume*: Critical Assessments. v.5. London: Routledge, 1995.

GASKIN, J. C. A. God, Hume and Natural Belief. *Philosophy*, n.49, 1974.

_____. Hume's Critique of Religion. *Journal of the History of Philosophy*, v.14, n.3, 1976.

_____. *Hume's Philosophy of Religion*. London: Macmillan, 1978.

_____. Hume on Religion. In: NORTON, David Fate (Org.). *The Cambridge Companion to Hume*. Cambridge: Cambridge University Press, 1993.

KEMP SMITH, N. *The Philosophy of David Hume: A Critical Study of Its Origins and Central Doctrines.* Londres: Macmillan, 1941.

NATHAN, G. J. The Existence and Nature of God in Hume's Theism. In: TWEYMAN, Stanley. *David Hume*: Critical Assessments. v.5. London: Routledge, 1995.

NOXON, James. Hume's Agnosticism. *Philosophical Review*, n.73, p.248-61, 1964.

_____. *Hume's Philosophical Development*. Oxford: Oxford University Press, 1973.

_____. In Defense of "Hume's Agnosticism". *Journal of the History of Philosophy*, v.4, n.4, 1976.

_____. Hume's Concern with Religion. In: TWEYMAN, Stanley. *David Hume*: Critical Assessments. v.5. London: Routledge, 1995.

PASSMORE, J. A. *Hume's Intentions*. Cambridge: Cambridge University Press, 1952.

História natural da religião

TWEYMAN, Stanley. *Scepticism and Belief in Hume's Dialogues concerning Natural Religion*. Dordrecht: Kluwer, 1986.

TWEYMAN, Stanley. *David Hume: Critical Assessments*. v.5. London: Routledge, 1995.

WEBB, Mark. The Argument of "The Natural History". *Hume Studies*, v.17, n.2, 1991.

WILLIAMS, Bernard. Hume on Religion. In: PEARS, D. (Org.). *David Hume*: A Symposium. Macmillan: London, 1963. (Nova York: Fordhan University Press, 1976.)

Livros e artigos sobre a filosofia de Hume (*em português*)

ALBIERI, Sara. Indução e método na filosofia de David Hume. *Manuscrito*, v.20, n.2, 1997.

ARAUJO, Cicero. Hume e o Direito Natural. In: QUIRINO, Célia Galvão (Org.). *Clássicos do Pensamento Político*. São Paulo: Edusp, 1998.

_____. *A teoria humeana das virtudes e o contexto jusnaturalista*. São Paulo, 1994. Tese (Doutorado – Faculdade de Filosofia, Letras e Ciências Humanas da Universidade de São Paulo).

CHAVES, Eduardo. Milagres, a história e a ciência: uma análise do argumento de Hume. *Manuscrito*, v.1, n.2, 1978.

DANOWSKI, Débora. David Hume e a questão dos milagres. *Manuscrito*, v.18, n.1, 1995.

GUIMARÃES, Lívia. Hume entre o Academicismo e o Pirronismo. *Kriterion*, v.35, n.93, 1996.

KLAUDAT, André. As ideias abstratas, a particularidade das percepções e a natureza do projeto filosófico em Hume. *Manuscrito*, v.20, n.2, 1997.

David Hume

KUNTZ, Rolf. O empirismo na economia de Hume. *Manuscrito*, v.1, n.2, 1978.

MARQUES, José Oscar de Almeida. A crítica de Hume ao argumento do desígnio. *Dois pontos*, v.1, n.2, 2005.

MONTEIRO, J. P. Tendência e realidade em Hume e Freud. *Discurso*, n.3, 1972.

_____. *Teoria, retórica, ideologia*. São Paulo: Ática, 1975.

_____. *Natureza, conhecimento e moral na filosofia de Hume*. São Paulo, 1975. Tese (Livre-Docência – Faculdade de Filosofia, Letras e Ciências Humanas da Universidade de São Paulo).

_____. Indução e hipótese na filosofia de Hume. *Manuscrito*, v.1, n.2, 1978.

_____. Hume e a gravidade newtoniana. *Ciência e Filosofia*, v.1, n.1, 1979.

_____. Filosofia e censura no século XVIII: o caso Hume. *Discurso*, n.2, 1979.

_____. Kant leitor de Hume, bastardo da imaginação. *Discurso*, n.14, 1983.

_____. *Hume e a epistemologia*. Lisboa: Imprensa Nacional, 1984.

_____. Indução, acaso e racionalidade. *Manuscrito*, v.17, n.1, 1994.

_____. Associação e crença causal em David Hume. *Manuscrito*, v.23, n.1, 2000.

_____. *Novos estudos humeanos*. São Paulo: Discurso Editorial, 2004.

MOURA, Carlos, A. Crítica humeana da razão. *Manuscrito*, v.20, n.2, 1997.

QUINTON, Anthony. *Hume*. Trad. José Oscar de Almeida Marques. São Paulo: Editora UNESP, 1999.

SMITH, Plínio Junqueira. O ceticismo naturalista de David Hume. *Manuscrito*, v.13, n.1, 1990.

_____. *O ceticismo de Hume*. São Paulo: Loyola, 1995.

Índice onomástico

Abraão 63, 132
Absalão e Achitophel 95
Adão 25, 112
areopagitas 57
Agostinho, santo 96, 140
Agripa 51
alcorão 86
Alexandre 47, 56, 78, 82, 104, 131, 139, 140, 146
Amasis 77
Anaxágoras 50, 139
Anaximandro 50, 139
Anaxímenes 50, 139
Anfípolis 82
Anfitrião 46, 142
Antônio, santo 82
Apolo 56, 97
Areopagus 57
ariano 87, 105
Arriano 78, 82, 140, 142

Arícia 80
Aristófanes 46, 139
Aristóteles 32, 131, 139, 140, 146
arminianos 113, 136
Arnóbio 46, 56, 140
Augusto 47, 78, 79, 94, 97, 98, 101, 135
Averróis 90, 140

Baco 27, 82, 111
Bacon, Francis 60, 140
Bayle, Pierre 83, 140
Belarmino 83
Benedito, são 82
Bomilcar 119
Boulainvilliers, Henri de 63, 140
Brachmans 117
Brasidas 82, 83
Brumoy Pierre 46,141

Calígula, Caio 47, 80
Cambises 89
Caos 48
Carnéades 106, 141
Cartago 119
Cassius, Dion 141
Catilina 105, 120, 137, 146
Centrites, rio 104
Ceres 31
César, Caio 78
César, Júlio 45, 105, 141, 147
Chirosphus 104
Cícero, Marco Túlio 94, 97,
    102, 105, 120, 128, 136,
    137, 141, 145
Ciro 104, 147
Clarke, Samuel 105, 130, 141
Cláudio Rutilio 96
Cleandro 104
Coriolano 36
Cotta 106
Crisipo 132, 141
Cupido 54
Cúrcio, Rufus Quinto 47, 56,
    146

Delfos 77, 104
dervixes 82, 90
Diana 80, 109
Diodoro de Sicília 40, 45, 47,
    48, 49, 93, 116, 119, 141
Diógenes Laércio 57, 142
Diomedes 45
Dione 45
Dionísio de Halicarnaso 38,
    51, 142

Domingos, são 82
Dryden, John 95, 135, 142,
    144
duendes 43,44

Égina 116
Epicteto 102, 140, 142
epicurista 55, 142, 144
Epicuro 50, 51, 142
Epimeteu 54
erastiano 87
Esculápio 54, 97
Esparciano, Aelio 96, 142
Estrabão 40, 41, 80, 142
Euclides 104
Eurípedes 39, 142
Europa (deusa) 63
eutiquiano 87

fadas 43, 44, 52
Fídias 57
Fontenelle, Bernard de 46, 142
franciscanos 63, 92, 133
Francisco, são 82

Galeno 143
Germânico 47, 143
getes 40, 69
gnomos 43
Graças 55

hamadríadas 36, 53
Hécuba 39, 142
Heitor 82
Heliogábalo 56
Heráclito 50, 143

História natural da religião

Hércules 27, 47, 82, 104
Herodiano 56, 143
Heródoto 45, 47, 69, 77, 89, 109, 116, 143
Herta 58
Hesíodo 32, 47, 48, 50, 55, 64, 111, 143
Higia 54
Homero 45, 47, 54, 55, 64, 111, 143
Horácio 94, 135, 143
Hyde, Thomas 68, 78, 143, 144
Isaac 63, 132
Ísis 77

Jacó 63, 132
jacobinos 63, 64
Jeová 63, 128, 132
Jerusalém 79
judeus 63, 73, 78, 79, 92, 93, 112, 132, 135
Juno 31
Júpiter 46, 48, 49, 50, 56, 64, 100, 103, 124, 128, 131
Juvenal 105, 144

Laocoonte 30
Lívio, Tito 102, 116
Locke, John 105, 144
locrenses 117
Longino 45, 144
Luciano 45, 47, 101, 109, 111, 144, 151
Lucina 31
Lucrécio, Tito 55, 105, 144

Macróbio, Ambrósio 76, 145
magos 68, 78
Manílio 45, 145
Maomé 112, 137
maometanos 68, 73
Maquiavel, Nicolau 12, 82, 145
Marco Aurélio 52, 102, 132, 143, 145
Marte 31, 55, 58, 100, 132
Mercúrio 31, 58
Milton, John 25, 97, 131, 145
Minerva 57
molinistas 113, 136
monotelita 87
moscovitas 63, 90, 117
musas 54
Mustafá 90

Namaciano 96, 145
Nero 112, 143, 145, 146
nestoriano 87
Netuno 31, 47, 48, 49, 50, 58, 101
Newton, Isaac 11, 12, 105, 145
Nicolau, são 63
ninfas 53, 106

Oceano 64
origenismo 114, 136
Osíris 77
Ótimo Máximo 63
Ovídio, Públio 45, 48, 114, 145

Pã 100, 135
Pandora 48
Panécio 102, 145

pelagiano 87
Pentateuco 115, 137
Père le Comte 44, 145
persas 56, 68, 78, 131, 143, 144
Petrônio 95, 135, 145
Platão 50, 103, 105, 139, 146, 147
Plínio, o Jovem 51, 146
Plínio, o Velho 146
Plutarco 52, 55, 77, 83, 109, 132, 146
Políbio 146
Pompeu 97
Prometeu 48, 54
protestantes 87

Quintiliano 101, 146

Ramadã 117, 137
Ramsay, Andrew Michel 111, 113, 146
Regnard, Jean-François 44
Roma 46, 76, 79, 80, 92, 94, 97, 102, 116, 141, 142, 143, 144, 145, 146
Rômulo 82
Ruyter 92

sabeliano 87
Saddas 115
Saís 92
Salústio 105, 120, 146
Sardenha 93
Saturno 48, 63, 103, 136
saxões 58

Sêneca 47, 105, 146
Sexto Empírico 50, 106, 128, 147
sociniano 87, 105, 134
Sócrates 46, 50, 77, 103, 104, 105, 109, 146, 147
Stílpon 57
Suetônio 47, 79, 80, 92, 93, 98, 147

Tácito 58, 92, 93, 101, 147
Talapoins 117
Tales 50, 139, 147
Terência 97
Teseu 27, 82
Tétis 64
Tibério 92, 93, 143
Timóteo 109
tírios 47, 79
Tucídedes 82, 147

Urano 103, 136

Varro 96, 135, 147
Vênus 45, 54, 55, 58, 100
Verrius Flaccus (Valério Flaco) 75
Vesúvio 51
Virgem Maria 63

Xenofonte 46, 77, 103, 104, 105, 109, 147

Zaleucus 116
Zamolxis 69
Zoroastro 78

SOBRE O LIVRO

Formato: 14 x 21 cm
Mancha: 23 x 44 paicas
Tipologia: Venetian 301 12,5/16
Papel: Pólen Soft 80 g/m² (miolo)
Cartão Supremo 250 g/m² (capa)
1ª edição: 2005

EQUIPE DE REALIZAÇÃO

Coordenação-Geral
Sidnei Simonelli

Produção Gráfica
Anderson Nobara

Edição de Texto
Alexandra Fonseca (Preparação de Original)
Mônica Elaine G. S. da Costa (Revisão)

Editoração Eletrônica
Lourdes Guacira da Silva Simonelli (Supervisão)
Luís Carlos Gomes (Diagramação)

GRÁFICA PAYM
Tel. [11] 4392-3344
paym@graficapaym.com.br